Eugen Früh

Eugen Früh, Branson, 1970

Eugen Früh

Illustrierte Biographie
Freundschaft mit Max Frisch
Werke aus dem Nachlass

Schriften der Eugen und Yoshida Früh-Stiftung, Bd. 1

Schriften der Eugen und Yoshida Früh-Stiftung, Bd. 1

Dank
Die Eugen und Yoshida Früh-Stiftung dankt an erster Stelle den Autoren lic. phil. Silvan Fässler, Dr. Werner Morlang und Edi Wolfensberger für ihre Textbeiträge, sodann lic. phil. Matthias Wohlgemuth für die redaktionelle Betreuung, Beni La Roche für die Gestaltung sowie Bengt Wolfensberger und dem Team von der J. E. Wolfensberger AG für die Drucklegung dieser Publikation. Speziell verdankt sei auch die Gewährung der Rechte für den Abdruck von Schriftstücken durch die Max Frisch-Stiftung, Zürich.

Bildnachweis
Foto Dr. Bleuler: S. 10, 33
Foto Doris Gattiker Bivetti: S. 12 rechts oben, 13, 14, 37
Foto Walter Läubli: S. 56
Foto Ray Schlauch: S. 15
© Baugeschichtliches Archiv der Stadt Zürich: S. 32 (Foto Walter Dräyer), 40 oben (Foto Rolf Bichsel), 40 unten
© Max Frisch-Archiv, Zürich: S. 31, 47 rechts

Gestaltung: Beni La Roche, Zürich
Redaktion, Lektorat: Matthias Wohlgemuth, Neuhausen a. Rhf.
Gesamtherstellung: Graph. Anstalt J. E. Wolfensberger AG, Zürich
Einband: Buchbinderei Burkhardt AG, Mönchaltorf

© 2004 Eugen und Yoshida Früh-Stiftung und Autoren
ISBN-Nr. 3-85997-024-0

Umschlag: Palazzo, 1963/70 (vgl. S. 91)

Inhalt

7 Die Eugen und Yoshida Früh-Stiftung

8 Illustrierte Biographie
Silvan Fässler

26 Die getreuen Samstagsbündler
Zur Freundschaft von Eugen Früh und Max Frisch
Werner Morlang

47 Der Briefwechsel von Max Frisch und Eugen Früh

54 Der schriftliche Nachlass
Werner Morlang

56 Erinnerungen an Eugen Früh
Edi Wolfensberger

58 Der künstlerische Nachlass
Silvan Fässler

59 Werke aus dem Nachlass

Cherubino, 1946, Öl auf Leinwand/Karton, 40 x 31 cm, Inv. 241

Die Eugen und Yoshida Früh-Stiftung

Yoshida Früh-Blenk hat vor ihrem Tod im Jahre 1996 zur Wahrung und Förderung ihres künstlerischen Nachlasses und insbesondere des künstlerischen Nachlasses ihres 1975 verstorbenen Ehegatten Eugen Früh testamentarisch eine Stiftung errichtet und ihre langjährigen Freundinnen, Margrith Barmettler und Rita Stüber, mit der Vollstreckung dieses letzten Willens beauftragt. Bereits 1996/97 konnte die Stiftung formell errichtet und ins Handelsregister eingetragen werden. Ein langjähriger Erbstreit um den gesamten Nachlass blockierte dann leider bis ins Jahr 2003 die Tätigkeit der Stiftung weitgehend. Immerhin konnten in den vergangenen Jahren die künstlerischen Werke von Eugen und Yoshida Früh sorgfältig inventarisiert und photographisch dokumentiert werden.

Zweck der Eugen und Yoshida Früh-Stiftung ist die Verwaltung und Verbreitung der künstlerischen Nachlässe von Eugen und Yoshida Früh. Zusätzlich unterstützt die Stiftung geisteswissenschaftliche und künstlerische Projekte finanziell, die sich:

– direkt oder indirekt mit dem künstlerischen Schaffen von Eugen und Yoshida Früh auseinandersetzen,

– direkt oder indirekt mit dem Kunst- und Kulturschaffen in der Schweiz und insbesondere in der Stadt Zürich in den 1950er bis 1970er Jahren befassen,

– aktuell in der Stadt Zürich für die Begegnung und Auseinandersetzung zwischen literarischem und bildnerischem Schaffen einsetzen.

Die Eugen und Yoshida Früh-Stiftung vergibt darüber hinaus für solche geisteswissenschaftliche oder künstlerische Projekte jährlich einen Förderpreis von bis zu Fr. 5000.– (Förderpreis der Eugen und Yoshida Früh-Stiftung, Zürich).

Eugen Früh war zeitlebens dem Kunstsalon Wolfsberg eng verbunden. Es ist daher stimmig, dass nun, gegen Ende der langen Tradition des Kunstsalons an der Bederstrasse, an diesem Ort im Herbst 2004 nochmals eine grosse Früh-Ausstellung stattfindet. Diese Ausstellung mit Werken aus dem Nachlass sowie die vorliegende Publikation, welche der erste Band einer Schriftenreihe darstellt, sind die ersten Aktivitäten der Stiftung, die Leben und Werk von Eugen und Yoshida Früh der älteren Generation in Erinnerung rufen und der jüngeren Generation bekannt machen sollen.

Die Eugen und Yoshida Früh-Stiftung dankt allen, die zum Gelingen von Ausstellung und Publikation beigetragen haben.

Eugen und Yoshida Früh-Stiftung
Dr. Kurt Meier, Präsident des Stiftungsrates

Anschrift:

Eugen und Yoshida Früh-Stiftung
c/o Margrith Barmettler
Römergasse 9
8001 Zürich

Zusammengestellt von Silvan Fässler

Illustrierte Biographie

Eugen Früh, 1939

1928–1932
Wechselt von der Sekundarschule an die Kunstgewerbeschule in Zürich, wo er die Graphikklasse besucht. Zu seinen Lehrern gehören Otto Meyer-Amden, Karl Hügin, Ernst Gubler und Ernst Keller.

1932
Verbringt mit seiner Mitschülerin und späteren Frau, der Malerin Erna Yoshida Blenk, die Sommermonate in der Land- und Künstlerkommune Fontana Martina bei Ascona im Tessin. Begegnung mit Clément Moreau, dessen graphisches Schaffen ihn für kurze Zeit stark beeinflusst.
Illustrationen zu „Das Puppenspiel von Doktor Faust" (Frauenfeld: Verlag Huber, 1932) und zu Albert Ehrismanns Gedichtband „Schiffern und Kapitänen" (Zürich: Verlag Oprecht, 1932).

Kunstgewerbeschule-Fest, 1935

1914
Geboren am 22. Januar in St. Gallen als vierter von fünf Söhnen.
Der aus dem Toggenburg stammende Vater Huldreich arbeitet als Postrevisor in St. Gallen, später in Zürich. Die Mutter, Therese Früh-Bscheidl, stammt aus Bayern. Drei seiner vier Brüder schlagen ebenfalls eine künstlerische Laufbahn ein, nämlich Huldreich (1903–1945) als Komponist, Willi (1905–1981) als Musiker und Kurt (1915–1979) als Filmschaffender, während der Zweitälteste, Walter Karl (1904–1977), Zahntechniker wird.

1933
Illustrationen zu Rudolf Jakob Humm „Der kranke Mann aus Exotien" (Zürich: Verlag WBK, 1933).

1934
Heirat mit Erna Yoshida Blenk.

1934–1939
Verdient seinen Lebensunterhalt hauptsächlich als Illustrationszeichner für die „Weltwoche" sowie weitere Zeitungen und Zeitschriften.
Mehrere längere und kürzere Studienaufenthalte in Frankreich, hauptsächlich in Paris. Auseinandersetzung mit den Werken von Bonnard, Vuillard, Matisse, Braque und Picasso. Erste Ausstellungen in der Galerie Aktuaryus in Zürich.

1938
Illustrationen zu Ernst Glaeser „Das Jahr" (Zürich: Weltwoche-Verlag, 1938) und Hans Roelli „Waldi, der Knurri und ich" (Zürich: Rascher-Verlag, 1938).

1939
Malt die Wandbilder „Jugend und Arbeit" im „Haus der Jugend" sowie Dekorationen im „Kinderparadies" für die Schweizerische Landesausstellung in Zürich.

1940
Aufenthalt am Genfersee.
Nimmt an einer Gruppenausstellung von Zürcher Künstlern im Kunsthaus Zürich teil (10. Oktober–2. November).
Illustrationen zu C. F. Ramuz „Gesang von den Ländern der Rhone" (Zürich: Morgarten-Verlag, 1940) und Annemarie Clark-Schwarzenbach „Das glückliche Tal" (Zürich: Morgarten-Verlag, 1940).

Erna Yoshida Blenk und Eugen Früh, Fontana Martina, 1932

1942
Aufenthalt im Wallis.
Beteiligt sich an der Gruppenausstellung „Die junge Schweiz" im Kunsthaus Zürich (Dezember 1942–Januar 1943).
Illustrationen zu C. F. Ramuz „Das Dorf in den Bergen" (Zürich: Morgarten-Verlag, 1942) und zu Jeremias Gotthelf „Die schwarze Spinne" (Basel: Verlag Benno Schwabe Klosterberg, 1942).

1943
Freundschaft mit den Schriftstellern Paul Ad. Brenner, Max Frisch und Hans Schumacher. Regelmässige Treffen bis gegen 1950 mit diesen und weiteren Künstlern, u. a. dem ehemaligen Lehrer an der Kunstgewerbeschule, dem Bildhauer und Maler Ernst Gubler, im Café Terrasse am Bellevue in Zürich. Hans Schumacher fasst seine Erinnerungen an diese Treffen später in einem kurzen Essay zusammen (siehe S. 41).
Erhält den C. F. Meyer-Preis für Malerei.
Illustrationen zu Oskar Wälterlin „Das andere Leben" (Herrliberg: Bühl-Verlag, 1943).

1944
Im Juni eine Woche in Braunwald.
Führt das Wandbild an der Aussenfassade der Post Wiedikon aus.
Gruppenausstellung mit den Malern Coghuf und Martin A. Christ im Kunstmuseum Winterthur (11. Juni–23. Juli).
Illustrationen zu Robert Walser „Der Spaziergang" (Herrliberg: Bühl-Verlag, 1944).

1945
Im März zwei Wochen in Braunwald. Besucht nach seiner Rückkehr fast täglich seinen krebskranken Bruder Huldreich, der am 25. April stirbt. Ab Mitte Juni bis Ende August in Morcote.
„Sylvesterfeier bei Marthe Kauer mit Max Frisch, Brenners, Kurt Guggenheim u. Frau u. Annemarie Schwyter. Bis 6 Uhr morgens." (Agenda-Eintrag Erna Yoshida Blenk, 31. 12. 1946).

Arbeit am Zeichnungstisch, 1942

1946
Im März zwei Wochen in Braunwald. Ab Ende Juli für zwei Wochen in Mendrisio und Lugano. Ende August im Engadin. Im Oktober/November zwei Wochen in Portofino.
„Lunch bei Mama. Fest bei Frischs m. Wicki, Fink, Hirschfeld, Frau Coninx u. Schumachers bis 3 Uhr morgens. Sylvester bei Marthe [Kauer] mit Max Frisch." (Agenda-Eintrag Erna Yoshida Blenk, 29. 12.–31. 12. 1946)
Gemeinschaftsausstellung mit dem Maler Karl Hügin in der Galerie Bettie Thommen in Basel (März–April).
Illustrationen zu Laurence Sterne „Eine empfindsame Reise durch Frankreich und Italien" (Herrliberg: Bühl-Verlag, 1946).

Arbeit am Wandbild der Post Wiedikon, 1944

1947
Ab Januar führt Früh den Wandbild-Auftrag für das Technikum Winterthur aus (1968 durch Brand zerstört).
Ab Mitte März für drei Wochen in Braunwald. Verbringt die Sommermonate in Golfe-Juan. Im Oktober Reise über Rom nach Neapel und Capri.
Einzelausstellung „Eugen Früh. Gemälde, Zeichnungen" in der Buch- und Kunsthandlung Bodmer, Zürich (7. Juni–31. Juli) sowie Gruppenausstellung „Fünf Zürcher Maler" in der Kunsthalle Bern (6.–28. September).
Illustrationen zu Max Frisch „Santa Cruz" (Basel: Verlag Benno Schwabe Klosterberg, 1947) und Anton Tschechow „Anjuta und andere Erzählungen" (Herrliberg: Bühl-Verlag, 1947)

Eugen Früh: „Wandbildentwurf PTT Gebäude Zürich Wiedikon", 1943, Tempera, 250 x 93 cm, Inv. 273

Eugen Früh, Golfe-Juan, 1948

Yoshida Früh-Blenk, 1948

In Golfe-Juan, 1948

1948
Im Mai/Juni vier Wochen in Golfe-Juan an der französischen Riviera. Im September eine Woche in Braunwald, im Oktober/November drei Wochen in Rom.
„Sylvesterfeier bei uns m. Edith, Walti, Max, Trudi [Frisch] Hans Sch.[umacher] Walter u. Ruth [Früh], und Marthe K.[auer] bis 6.30 Uhr!" (Agenda-Eintrag Erna Yoshida Blenk, 31. 12. 1948)
Entstehung des 16teiligen Lithographie-Zyklus „Capricci".
Einzelausstellung „Eugen Früh. Farbige Studien und Zeichnungen aus südlichen Bezirken. Neue Lithographien" bei Orell Füssli (14. Februar–20. März).

J. E. Wolfensberger und Hans Fischer „fis" im Kunstsalon Wolfsberg, 1948

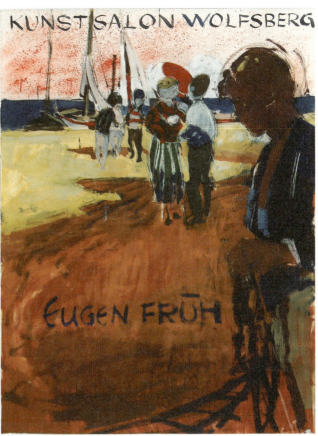

Eugen Früh: Plakatentwurf zur Ausstellung im Kunstsalon Wolfsberg, 1949, Tempera, 128 x 90,5 cm (Kunstsalon Wolfsberg, Zürich)

1949

Im März eine Woche in Braunwald. Mehrere kürzere Studienaufenthalte, u. a. in Paris und Rom. Im Juni Reise nach Biarritz, Anglet, Palavas.

„15 Jahre beisammen. Papa bringt Kuchen von der Mama. EF malt an einem Ölbild. Abendfestessen im Piccoli mit Walter und Ruth [Früh], später Willi und Bethli [Früh]. Nachher Eugen und ich Schlummertrunk im Dezaley – dabei wird uns übel wegen des Käses." (Agenda-Eintrag Erna Yoshida Blenk, 10. 11. 1949)

Erste grosse Einzelausstellung im Kunstsalon Wolfsberg, Zürich (6. Mai – 4. Juni), mit dem Früh bis zu seinem Tod eng zusammenarbeitet.

Wandbild für das von Max Frisch erbaute Freibad Letzigraben.

1950

Ende Februar eine Woche in Riex am Genfersee, danach eine Woche in Braunwald. Im Mai in Paris sowie im Juni/Juli und Oktober in Spanien. Besucht den Prado.

„Draussen helles, sonniges Wetter. Eugen arbeitet. Ich räume auf und ordne Kleinigkeiten. 5 Uhr präparieren wir Brötchen etc. Saft von 17 Orangen ausgedrückt. 9 Uhr kommen Kurt, Eva [Früh], Willi, Bethli [Früh], Walter und Ruth [Früh]. Zuerst Kaffee Crème und Chriesiwasser und Liqueur (Malaga und Cognac gemischt). Dann bis Mitternacht Brötchen, Kümmelstengeli, Chianti und Orangensaft. Walter und Ruth erzählen von Rom, wo sie 5 Tage über Weihnachten waren. Willi kommt leider mit einem leichten Rausch zu uns. Bleigiessen. Midnight: Château Yquem beim 6. Schlag der Glocke. A Kiss from Eugen. Nachher alle gegenseitig einander in den Armen gelegen." (Agenda-Eintrag Erna Yoshida Blenk, 31. 12. 1950)

Einzelausstellungen „Eugène Fruh" bei der Société des Amis des Beaux-Arts im Athénée, Genf (7.–26. Januar), sowie im Helmhaus Zürich (3. September–1. Oktober). Gruppenausstellung mit der Sektion Zürich der GSMBA im Künstlerhaus Wien (September–Oktober).

Mit Urs und Margot Schwarz in Santa Cristina d'Aro, Costa Brava, 1951

1951

Im März eine Woche in Braunwald. Ende April in Venedig, danach in Paris. Verbringt den Sommer in Spanien. Im September/Oktober wieder in Venedig. Reise nach Arezzo und Studium der Wandmalereien von Piero della Francesca.

„Ich habe das ganze Jahr 51 vor allem Gouachen gemalt – diese Technik erlaubt ein rasches leichtes Arbeiten, ermöglicht Varianten, Experimente. [...] Es sind im ganzen über 90 grossformatige Gouachen entstanden, [...] dazu kommen 30 mittelgrosse Blätter und 10–15 kleinere Gouachen, eine Reihe von Schwarzweiss-Pinselzeichnungen zählt etwa 20 Stück. Ebenfalls in diesem Jahr ist die Arbeit am Spanienbuch begonnen, von denen einzelnes noch fertig zu malen ist. Leider ist nur ein einzelnes Grossformat mit Kasein Tempera: Der Garten zu verzeichnen (Parklandschaft)." (Agenda-Eintrag Eugen Früh, 31. 12. 1951)

Illustrationen zu Margot Schwarz „Spanien" (Zürich: Origo Verlag, 1951).

1952

Im Frühjahr in Braunwald und Paris, von Juli bis Oktober in Tegna im Tessin, danach kurz in Venedig.

„Begonnen dieses Jahr 7 grosse Panneaux und eine Reihe von Ölbildern, von denen aber auch ein Teil noch der Weiterarbeit bedürfen. Das ganze Jahr werden auch noch viele Gouachen gemalt. [...] Ein durchschnittlich ergiebiges Jahr. Leider ein Teil im November und Dezember nicht sehr produktiv und bin aus diesem Grund voller Hoffnung und Pläne für 1953." (Agenda-Eintrag Eugen Früh, 31. 12. 1952)

Illustrationen zu Margot Schwarz „Die Flut" (Zürich: Büchergilde Gutenberg, 1952) und für das Lesebuch „Erzählungen I. Band" für Sekundarschulen (Zürich: Verlag der Erziehungsdirektion, 1952).

Beteiligt sich an der Wanderausstellung „Moderne Schweizer Grafik", die in Helsinki, Kopenhagen und London gezeigt wird. Einzelausstellung in der Galerie Orell Füssli in Zürich (1.–29. November).

Yoshida Früh-Blenk und Ernst Morgenthaler vor dem Kunstsalon Wolfsberg, 1948

1953
Verbringt den Frühsommer in Dalmatien und Montenegro. Danach für zwei Monate in Celerina.
„Halbjahresplan. Juli und August bis Mitte September. Gouachen, Studien im Anschluss an die dalmatinische Reise. Experimente etc, vielleicht auch einige kleine Ölbilder. […]" (Agenda-Eintrag Eugen Früh, 26. 6. 1953)
„Lebens- und Arbeitsplan nach der Rückkehr aus Celerina: Neue mittlere und grosse Ölbilder (die unfertigen älteren vorläufig auf die Seite stellen), im Oktober eventuell als Unterbrechung eine kleine Reise, wenn das aber nicht gelingt, gleichwohl versuchen heiter zu sein." (Agenda-Eintrag Eugen Früh, 1953, undatiert)
Veröffentlicht seine Eindrücke in „Kleine Reise nach Dalmatien und Montenegro. Ein Skizzenbuch" (Zürich: Alpha-Presse, 1953).

1954
„Jahresplan für 1954: Anfangs Mai bis Ende Mai: an den Ölbildern, Theaterprospekt, Juni: Spanien, Juli und August: Tempera und Gouachen, vor allem will ich das grosse Panneau beginnen und Notturno umbauen. September: Auswahl der Bilder und vorletzte Korrekturen. Oktober: Ausstellung." (Agenda-Eintrag Eugen Früh, 1954, undatiert)
März in Braunwald. Ab Ende Mai bis Mitte August Aufenthalte in San Antonio auf Ibiza und auf Sardinien. Im Herbst eine Woche in Venedig.
Einzelausstellung im Kunstsalon Wolfsberg, Zürich (7. bis 30. Oktober).

1955
Verbringt den Frühling und Sommer mehrheitlich in Tegna im Tessin. Im Herbst in Venedig.
Beteiligt sich an der „Third International Art Exhibition of Japan" im Metropolitan Art Museum in Tokyo.

Hans Theler, Freund und Mäzen, Gauertal, 1958

1956

Im März eine Woche in Braunwald, ab Ende April in Lloret del Mar in Spanien. Im Spätherbst in Ravenna und Venedig.

„Es freut mich, dass Sie ‚immer noch zufrieden und fast glücklich' sind. Nicht alle Menschen können das von sich behaupten und manche bringen es nicht einmal zu einem entsprechenden Lippenbekenntnis. Ich beneide Sie um Ihre Lebenseinstellung, aber es ist ein Neid sui generis; deshalb darf ich dazu stehen. [...]
Wann sind Sie zurück? Ich würde mich sehr freuen, Sie und Ihre liebe Frau wieder einmal bei mir in Basel zu haben. Augenblicklich ist Morgenthaler zu Gast; wir wollen am Samstag an die Vernissage der Schweizerischen Kunstausstellung in der Mustermesse. Die Zürcher Ausstellung in der Kunsthalle wird leider nicht so frequentiert, wie sie es verdiente. Namentlich der Eingangssaal mit Ihren Bildern und der Saal von Varlin kommen ausgezeichnet zur Geltung; aber lieber Herr Früh, bleiben Sie ruhig an der Costa Brava. Die Luft ist dort frischer und reiner als bei uns und die Menschen verstehen es zu leben, wie die meisten von uns es verlernt haben. Sie arbeiten zur Verschönerung des Daseins und wir krampfen bis zur körperlichen und seelischen Verkrampfung. Ich gebe mir zwar alle Mühe, dieses Teufelsrennen nicht mitzumachen, aber dann und wann nimmt's mer doch der Ermel ine." (Brief Hans Theler an Eugen Früh, 31. Mai 1956).

Thelers Brief zeugt vom freundschaftlichen Austausch, den der damalige Generaldirektor der Schweizerischen National Versicherungsgesellschaft und engagierte Sammler mit dem Künstler pflegte. Trotz dicht besetztem Terminplan reist Theler in den folgenden Jahren regelmässig zu Atelier- und Ausstellungsbesuchen nach Zürich und gewährt Früh Gastrecht in seinem Haus in Basel. Er animiert Früh, auch das Ausland künstlerisch zu erobern, und bietet sich als Ausstellungsvermittler an. Doch entzieht sich Früh, der seine Ausstellungsaktivitäten lieber auf Zürich konzentriert, dieser gut gemeinten Karriereplanung. Thelers Ankäufe und Dankesgaben von Früh fügen sich schliesslich zu einer gewichtigen Werkgruppe von 19 Arbeiten.

Gruppenausstellungen „Zürcher Maler der mittleren Generation" im Kunsthaus Zürich (3. März–15. April) und „10 Zürcher Maler" in der Kunsthalle Basel (15. Mai–24. Juni). Einzelausstellung in der Galerie Orell Füssli, Zürich (3.–30. November).

1957

März/April in Rom, im Juni und September in Italien und an der Côte d'Azur, dazwischen in Braunwald.
Wandbild „Notturno" für das Schulhaus Luchswiesen, Zürich.
Bis 1958 intensive Beschäftigung mit der Monotypie.
Beteiligt sich mit Amiet, Barraud, Berger, Coghuf, Morgenthaler u. a. an einer Gruppenausstellung in der Galerie Beyeler, Basel (10. Dezember 1957–31. Januar 1958).

1958

Im März und September in Braunwald, Juni in Paris, im August im Gauertal, Montafon, und im Oktober in Venedig.

1959

Erleidet zu Beginn des Jahres einen schweren Schlaganfall.
„Schreckensnacht. Eugen krank und gelähmt. – Furchtbar traurig. Eugen schläft meistens. Dr. Gaiser zu Besuch. – Abends

Eugen Früh, Cannes, 1957

Eugen Früh, Gauertal, 1958

schnell mit Kurt [Früh] in der Galerie. Der letzte Abend bei EFs Bildern. – Dr. Gaiser verschreibt Schlafzäpfli und ein Vitaminpräparat. – Jede erneute Nacht macht EF Angst, Angst vor der Wiederholung der Schreckensnacht. – Lasse die Bilder von EF von Welti Furrer transportieren. – Eugen immer im Bett, traurig, verwundet, verwundet über seine rechte Seite. Hand und Bein wollen ihm nicht gehorchen. – Er meint, mit Schlafen und Ruhe könne er alles überwinden." (Agenda-Einträge Erna Yoshida Blenk, 25.1.–6.2.1959)

Nach einem Spitalaufenthalt im Februar wiederum in Braunwald im März. Er arbeitet mit der schwächeren linken Hand, da seine rechte vorübergehend gelähmt ist. Ab Ende Mai in Guarda im Engadin. Juni und Juli in Sierre. Während des ganzen Oktobers in Venedig.

Erfolgreiche Einzelausstellung im Kunstsalon Wolfsberg, Zürich (8.–31. Januar). Zu den Käufern gehören die Schweizerische National Versicherungsgesellschaft, das Kunsthaus Zürich und der Künstler Alois Carigiet.

„Je mehr sich in den so erfreulich aktiv gewordenen Zürcher Sammlerkreisen die Neigung zum Blick über die Grenzen kundtut, verbunden mit Aspirationen auf den Ankauf internationaler Namen – desto entscheidender fällt die Bemühung eines repräsentativen Kunstsalons, wie der ‚Wolfsberg' es ist, als Gegenleistung ins Gewicht. Im ‚Wolfsberg' wird seit Jahren, in regelmässiger Verkettung und mit sorgfältiger Auswahl, die Schweizer Gegenwartskunst gewürdigt und unter dem Auge behalten. Eine Aufgabe, die gerade heute nicht ernst genug genommen werden kann. […]

Eugen Früh, Wyhlen, 1961

Von Eugen Früh ist zu melden, dass er eine Wendung seiner Schaffensart erlangt hat, die er nun, nach einigen Jahren der bewussten Zurückhaltung im Ausstellen, als eindeutigen, klaren Vollzug vorweisen kann. Es handelt sich um den Schritt zu vergleichsweise abstrakterer Gestaltung. Gerade dieser Schritt wird heute oft, aber vielfach unecht vollzogen, nämlich mit mindestens einem Auge auf das gerichtet, was nun offenbar für längere Zeit zur Mode geworden ist. Früh indessen hatte und hat Gründe, und man darf festhalten, dass er aus Überfülle, keineswegs aus Armut oder Anpasserei auf diesen Weg gedrängt wurde. Er gebietet über eine Palette, deren Farbenfülle, Klangfülle als ungewöhnlich ausgewiesen ist. Es musste eine Zügelung und Straffung durch Form – das heisst in diesem Fall durch Grenze, Muster und Zeichen – erlangt werden, wenn nicht die Farbe zunehmend mehr verflocken oder in hundert Garben versprühen sollte. Die Bewältigung konnte nur im Sinne einer Geometrisierung erfolgen. Früh hat sich einer gesteigerten Gesetzesordnung unterzogen, die aus der Farbe allein niemals zu erreichen gewesen wäre. Jede Grazie und jeder Wohllaut, die seine Kunst seit jeher gekennzeichnet haben und die vielleicht aus verschwiegenen Melancholien stammen – er hat sie auch jetzt noch, aber in einer weniger weichen, weniger ungefähren Art." (Kunst in Zürich. Eugen Früh im „Wolfsberg", in: Neue Zürcher Zeitung, 14. 1. 1959)

1960
März in Braunwald. Verbringt den Sommer in Gordes in der Provence und den Herbst in Venedig.
Entstehung der Bilderfolge „Meditazione veneta".

1961
März in Braunwald. Juni bis August in Rheinfelden und Wyhlen. Im Oktober wieder in Venedig.
„Morgens Bad. 10–11 Uhr Helmhaus-Ausstellung. Lunch: Hackbraten, Gnocchi und gemischter Salat. 5.30–7.30 Uhr Cinomonde: ‚The Apartement', amüsanter Film. Orangen. Regen und mild. Zu Hause Apero und das Poulet aufs Grill. Gegen 8.30 Uhr Diner bei Kerzenlicht und ‚Château neuf du Pape', zum Dessert Pralinen (die besten hat EF bei Sprünglis gekauft) und Cognac Hennessy. Am Radio kunterbunte Musik – nicht einmal gerissenen Jazz bringen sie fertig! Ein Domino Spiel mit EF. Mitternacht mit Gewürztraminer und Bündner-

Eugen und Yoshida Früh, 1963

fleisch. Gegen 1 Uhr au lit." (Agenda-Eintrag Erna Yoshida Blenk, 31. 12. 1961)
Beteiligt sich an der „Schweizerischen Kunstausstellung" im Kunstmuseum Luzern (24. Juni–30. Juli).

1962
März in Braunwald. Ab Mitte Mai bis Ende Juni in Brione im Tessin.
Erfolgreiche Einzelausstellung „Eugen Früh. Panneaux, Gouaches, Monotypien 1957–1962" im damals neu renovierten Helmhaus Zürich (29. September–28. Oktober). Zu den Käufern gehören die Schweizerische Eidgenossenschaft, der Kanton sowie das Kunsthaus Zürich und die Schweizerische National Versicherungsgesellschaft.
„Soeben habe ich den Ritter ‚gespornt & gegürtet', d. h. gerahmt. Er steht vor mir in seiner ganzen Grösse und ich möchte Eugen nochmals recht herzlich für die schöne Geste danken. Einen endgültigen Platz habe ich nicht für ihn, denn ich finde es amüsanter, sich immer wieder mit verschiedenen Bildern beschäftigen zu dürfen. So nehme ich den Ritter erst einmal nach Hause, im Winter vielleicht nach St. Moritz, dann an die Augustinergasse, dann wieder ins Büro und so kann die Rundreise wieder von neuem beginnen. Auch die anderen beiden grossen Bilder aus der letzten Ausstellung haben bereits einen sehr schönen Platz am Steinengraben gefunden: die Provence-Landschaft auf der Estrade im 1. Stock und Venedig im neuen grossen Sitzungssaal. Kommt wieder einmal nach Basel und seht Euch die Bilder an." (Brief Hans Theler an Eugen und Yoshida Früh, 26. November 1962)
„Das langerwartete Comebak [!] von Eugen Früh wird für den Zürcher Maler zu einem schönen Erfolg. Er darf mit sich und seiner Schau [...] zufrieden sein. Die Zürcher Kunstgesellschaft hat ihm das ganze, von Architekt Bruno Giacometti sehr geschickt Ausstellungszwecken angepasste Helmhaus zur Verfügung gestellt, und Kunsthausdirektor Dr. René Wehrli richtete die Schau so ein, dass der grosse Saal des ersten Stockwerkes mit den grossformatigen Panneaux aus den Jahren 1957 bis 1962 zu ihrem Höhepunkt wird, den die in den Nebenräumen verstreuten Gouachen präludieren, während die Säle des Obergeschosses mit den 1957/58 entstandenen über hundert Monotypien als Überraschung den Ausklang bilden. [...]

Ausstellung zum 50. Geburtstag
im Kunstsalon Wolfsberg, 1964

Vielleicht erinnert sich der eine oder andere Betrachter noch an Eugen Frühs Helmhausausstellung vom Jahr 1950. War seine Malerei damals nicht wie ein Schmetterling, ein bunter Sommervogel, der durch einen in vielen Farben blühenden, sommerlich leuchtenden Park gaukelt, von Blume zu Blume, geniesserisch ihren Duft in sich aufnehmend und sich an ihrem Nektar delektierend? Eugen Früh – das bedeutete eine südlich heitere und gelöste, farbig reiche, wohlklingende Malerei. Das war wie gesagt 1950. Ein Dutzend Jahre ist seither vergangen. Der Künstler ist älter geworden, und was das heisst, weiss jeder. [...] Wer aus Eugen Frühs neueren Malereien einen [...] elegischen Klang vernimmt, hört vielleicht nicht ganz falsch. Dazu traf den Maler eine schwere Erkrankung. Die Welt selbst veränderte ihren Aspekt. Was ist von den Hoffnungen der ersten Nachkriegszeit geblieben? Über den Garten der Malerei selber, in dem Eugen Frühs Kunst so freudig blühte, senkte sich die Nacht. Die Malerei stellte sich in Frage. Vuillard und Bonnard, ja selbst Braque rückten in weite Ferne. Das Schwarz eines Soulages – ein Schwarz wie das von verkohlten Ruinen –, die Lumpenbilder eines Burri, die zerbröckelnden Mauern eines Tapies hielten ihren Einzug.
Wer die Helmhausausstellung besucht, fragt sich gespannt, wie der Künstler diesen Schock aufgenommen haben würde. Schon sehr bald lautet die beruhigende Antwort: Er ist mit ihm fertig geworden. Eugen Frühs Malerei – sie ist immer noch einem Schmetterling zu vergleichen, jenem auch von Storm besungenen Abendfalter vielleicht, der die Pracht der Nacht entdeckt, den Silberschein des Mondes, den Gesang der Drossel, und der im Dunkeln doch noch eine Rose findet, um sich an ihren Kelch zu hängen, ‚vergessend sich und seine bunten Flügel'." (Fritz Laufer, Wie ein Schmetterling am Abend... Der Maler Eugen Früh im Zürcher Helmhaus, in: Tages Anzeiger für Stadt und Kanton Zürich, Feuilleton, 2. 10. 1962).

1963
Verbringt den Mai in Paris. Im Sommer in Brione im Tessin und im Herbst in Venedig.
Beteiligt sich an der Ausstellung „Schweizer Buchillustratoren" der Zürcher Kunstgesellschaft im Helmhaus Zürich anlässlich der Juni-Festwochen (5. Juni–14. Juli) sowie an der Gruppenausstellung „Das Meer" in der Galerie Läubli in Zürich (17. Oktober–9. November).
Wird für drei Jahre zum Mitglied der Aufsichtskommission für die Graphische Sammlung der ETH gewählt. Lehnt die Einladung zu einer Wandmalerei für die Eidgenössische Materialprüfungsanstalt ab:

Eugen Früh, 1964

Bei der Überarbeitung des Gemäldes „Gartenarchitektur", 1964

„Nach reiflicher Überlegung muss ich Ihnen mitteilen, dass ich entschlossen bin, den 2. Entwurf für die Wandmalerei in der EMPA nicht zu machen. Es fehlt mir offengestanden jeder Elan und jede unbefangene Lust nochmals an diese Aufgabe zu gehen, auch glaube ich kaum, dass weitere Bemühungen, wenn auch unter anderen Vorzeichen, zu einer glücklicheren Realisierung führen werden.
Ist es übrigens nicht meine Bilderwelt bis ca. 1950, die man für diese Arbeit erwartet? Eine heitere, bukolische, landschaftliche Malerei. Sicher ist das eine schöne und völlig unbedrohte Welt, aber das ist nun schon lange her und meine Malerei hat sich natürlich verändert; selbstverständlich gibt es auch in den folgenden Jahren noch mancherlei festlich-farbige Bilder, aber vor allem nach der Zäsur einer schweren Erkrankung sind auch einige sehr ernste und dunkle Stücke entstanden.
Zur Eröffnung des umgebauten Helmhauses im Herbst 1962 war übrigens eine ganze Reihe der neueren Panneaux zu sehen, deren Gehalt immer noch von einer gewissen geistigen Heiterkeit bestimmt war, aber es ist ein sehr viel weniger unverbindlicher und sehr viel weniger ‚leichter' Bildwille, der sie diktiert. Zurückzukehren zu einer früheren Stufe ist mir aber ganz unmöglich, und entschuldigen Sie, sehr geehrter Max Bill, dass ich entgegen Ihrer Meinung und der Meinung der eidgenössischen Kunstkommission eine landschaftlich-atmosphärische Lösung für diese Wand und in diesem Gebäude für völlig verfehlt halte.
Es tut mir leid, dass ich abschreiben muss, umso mehr, da Sie es sind, der mich für diese Aufgabe vorgeschlagen haben. Ich danke Ihnen, dass Sie an mich gedacht haben, und hoffe, dass Sie mir diesen Brief nicht übel nehmen werden. Mit den freundlichsten Grüssen, Ihr Eugen Früh"* (Brief Eugen Früh an Max Bill, 30. Dezember 1963)

1964
Januar in Braunwald. Im Juni Tunesien-Reise.
Entstehung der Kashba-Bilder.
Einzelausstellung zum 50. Geburtstag „Eugen Früh. Neuere Bilder" sowie „Die spanischen Temperablätter 1950–1952" im Kunstsalon Wolfsberg, Zürich (5.–28. November).

1965
Januar in St. Moritz. März in Braunwald. Im Juni/Juli zuerst in Grindelwald, anschliessend Italien- und Griechenlandreise. Auf der Rückfahrt in Venedig. Im Oktober in Marokko. *„Sylvester: Spass am TV. Mitternacht Happy New Year mit Gewürztraminer, Foie de Gras und Pralinen. 1.30 Uhr au lit."* (Agenda-Eintrag Erna Yoshida Blenk, 31. 12. 1965)
Beteiligt sich an der Gruppenausstellung „Zürcher Künstler im Helmhaus" (27. November–23. Dezember), die zu Beginn des darauf folgenden Jahres unter dem Titel „Zürcher Künstler in der Kunsthalle Basel" (6.–23. Januar 1966) auch in Basel gezeigt wird.
Gehört zur Jury der Sektion Zürich der GSMBA.

1966
März in Braunwald. Im Mai in München, danach in Tunesien, im September in Venedig.
Einzelausstellung in der Galerie Orell Füssli, Zürich (22. Oktober–12. November).

In Branson, 1970

Yoshida Früh-Blenk im Asakusa Kannon Tempel, Tokyo, 1972

1967
Februar in Paris, um Picasso- und Bonnard-Ausstellungen zu besuchen. Im Juni in Portugal. Im September in Braunwald, danach in Wien.
Gruppenausstellung mit Adolf Herbst und Henry Wabel in der Kunstsammlung der Stadt Thun im Thunerhof (11. Februar–19. März).
Erhält den Kunstpreis des Kantons Zürich.

1968
Im Mai Reise nach München, um die Vuillard-Ausstellung zu besuchen. Anschliessend von Juni bis September in Tunesien, Holland, Venedig und Spanien.
Einzelausstellung „Eugen Früh. 35 ausgewählte Temperablätter aus 10 Jahren" in der Galerie Rathausgasse, Lenzburg (27. April–19. Mai).

1969
März in Braunwald. Im Sommer auf der Insel Rab, Kroatien. Im Oktober im Elsass. Ab Dezember bis Ende Januar 1970 in Branson im Wallis.
„Textteil für die Novemberausstellung: (Einladung) 30 Jahre Malerei: ...natürlich in dieser Ausstellung werden die Signale der Zerstörung oder die Blüten der Verzweiflung vergeblich gesucht – auch die beinahe schon obligatorische Feststellung unseres Lebensraums als eines Jammertals wurde hier nicht realisiert [...]." (Agenda-Eintrag Eugen Früh, 1969, undatiert)
Grosse Einzelausstellung im Kunstsalon Wolfsberg, Zürich (6.–29. November).

1970
Im Januar vier Wochen in Branson, danach eine Woche im März in Braunwald. Im Mai Reise nach Paris und Besuch der Matisse-Ausstellung, die er in einem kurzen Essay „Parisertage oder ‚A la recherche du temps perdu'" zusammenfasst. Ab Anfang Juni in Punta Pola in Spanien.
Einzelausstellung im Verwaltungsgebäude der Swissair in Kloten (1. Mai–10. September). Einzelausstellung zur Eröffnung der Kunsthalle Winterthur (29. Oktober–29. November).

1971
Im Mai Reise durch Spanien und Portugal, im Juni wiederum in Branson im Wallis.
Entstehung von Tempera-Arbeiten.

Eugen Früh, Branson, 1970

1972

März in Braunwald. Mai und Juni Reise nach Japan, Hongkong und Bangkok. Verarbeitet die Landschafts- und Architektureindrücke in einer Reihe grossformatiger Arbeiten.

„Die grossen Bildvorhaben dieses Sommers: *Japanischer Garten (3-teilig) 495 x 135 cm, Landschaftsgarten (3-teilig) 345 x 165 cm, Lotus I (4-teilig) 445 x 165 cm, Lotus II (2-teilig) 220 x 155 cm, Grüne Äpfel 150 x 140 cm, Bambuswald 175 x 135 cm, Siam 145 x 130 cm, Tempelpark 130 x 160 cm, Grünes Blätterornament 160 x 130 cm.*" (Agenda-Eintrag Eugen Früh, 1972, undatiert)

1973

März in Braunwald. Im Juni kurze Reise nach Paris. Besucht die China-Ausstellung im Petit Palais. Im August Reise nach London und Wales.

1974

März in Braunwald. Ende April in New York, im Juni kurze Reise nach Paris.
Grosse und sehr erfolgreiche Einzelausstellungen zum 60. Geburtstag mit Gemälden im Kunstsalon Wolfsberg, Zürich (10. Januar – 2. Februar), sowie mit Arbeiten auf Papier in der Galerie Orell Füssli, Zürich (22. November – 24. Dezember).

„Vor wenigen Monaten hatte der bekannte Zürcher Maler mit einer reichhaltigen Ausstellung von Ölbildern bei Wolfsberg einen beinahe sensationellen Erfolg. Wer vermutete, die jetzige Schau von Aquarellen, Gouachen und Zeichnungen bei Orell Füssli, Pelikanstrasse 10, käme einer Wiederholung in Form kleinerer Formate und einer beschwingteren Technik gleich, sah sich insofern getäuscht, als die diesmalige Darbietung von 58 Werken sogar eine Steigerung des kürzlich gewonnenen Eindrucks bedeutet. Eugen Früh ist ein Meister der wasserlöslichen Farben, ein Aquarell- und Gouache-Künstler von fundierter Virtuosität, wie wir ihr selten begegnen. Was bei seiner Kunst der ‚leichteren Muse' am meisten erstaunt, das ist die Befähigung, das Motiv formal und farblich durch eine gestalterische Sublimierung zu veredeln und ihm bildnerisch-kompositionelle Züge zu verleihen. Zwischen das Subjekt und seine Wahrnehmungsorgane fügt der beinahe spielerisch produzierende Maler die Mattscheibe der träumerischen Verklärung ein. [...] Mit sozusagen verzauberten Pinseln und Farben spürt er den linearen Komponenten nach und macht sie einer bildhaften Geometrie dienstbar, die weder konstruktivistisch noch abbildend wirkt, sondern ganz einfach das malerische Geschehen bereichert. [...] Von neidvollen Kollegen ist gerade Eugen Frühs begeisternde Manife-

Im Museum of Modern Art vor Ivan Puni: „Die Flucht der Formen", New York, 1974

station bei Wolfsberg als eine dekorativ-leichtfüssige Angelegenheit gebrandmarkt worden, der jeder kreative Tiefgang abginge. Doch, was will dieser im besten Sinn des Wortes charmante Künstler anderes als uns an seinen visuellen Genüssen teilhaben lassen, Lebensfreude in malerischer Form vermitteln. Früh strebt beileibe keine weltanschaulich belastete Auseinandersetzung an, sondern er will seinen Verehrern Bildwerke anbieten, die vertieftes Wohlbehagen bereiten." (Kunst in Zürich. Eugen Früh, in: Die Tat, Nr. 295, 18.12.1974)

1975

Erkrankt im Januar an Krebs und stirbt am 18. Juli in Zürich.
„Bleibe den ganzen Tag zu Hause. Betrachte meinen Œuvrekatalog (sehe eine Unmasse meiner Bilder (Fotos) – Arbeiten seit 1932, was für rührende Bemühungen…)." (Agenda-Eintrag Eugen Früh, 14.1.1975)
„Es beginnen die traurigen Tage mit Sorgen ohne Ende. Mein alles geliebter Eugen sehr deprimiert." (Agenda-Eintrag Erna Yoshida Blenk, Februar 1975)
„Es geht meinem Liebsten immer mieser. Brustweh ohne Ende, keine Pille bringt Erleichterung, ich selber auch ziemlich angeschlagen. Kummer und Sorgen und Magenweh und Hautgeschichte an beiden Händen und an der linken Fusssohle." (Agenda-Eintrag Erna Yoshida Blenk, Mai 1975)
„Mein Eugen 15.20 für immer fort." (Agenda-Eintrag Erna Yoshida Blenk, 18. Juli 1975)
„Liebe Yoshida, ich muss den Tod Deines lieben Mannes erfahren, ich bin sehr beeindruckt. Eugen war ja wirklich Dein Freund und Lebensgefährte, man sah Euch immer beisammen. Bei ähnlichen Talenten derselbe Sinn für Kunst und Leben. Ich kann Dir keine Trostesworte senden, schlussendlich bleibt Jeder mit seinem Kummer allein, man kann dem Schicksal nicht entrinnen, aber sicher werden auch für Dich wieder bessere Tage kommen. Herzlich Dein alter Varlin" (Brief Varlin an Erna Yoshida Blenk, 1. August 1975)

1976

Erfolgreiche Gedenkausstellung im Kunstsalon Wolfsberg, Zürich (1. Juli–28. August). Ein Grossteil der insgesamt 96 ausgestellten Werke wird verkauft, u. a. an die Schweizerische Eidgenossenschaft, die Erziehungsdirektion des Kantons Zürich und an den Schweizer Bankverein.

1981

Letzte umfangreiche und wiederum erfolgreiche Einzelausstellung „Eugen Früh. Bilder aus dem Nachlass" im Kunstsalon Wolfsberg, Zürich (4. Juni–22. August). Drei Viertel der 115 ausgestellten Gemälde werden verkauft. Zur Ausstellung erscheint die von René Wehrli verfasste Monographie „Eugen Früh 1914–1975" (Zürich: Verlag Wolfsberg, 1981) mit einem kurzen autobiographischen Text des Künstlers.

„In der schön angelegten Monographie ‚Eugen Früh' (Verlag Wolfsberg) schreibt René Wehrli, Eugen Früh (1914–1975) habe Musik fürs Auge geschaffen. Die hundertfünfzig [!] Nummern umfassende Ausstellung mit Bildern aus dem Nachlass gibt Gelegenheit, die Richtigkeit dieser Aussage zu verfolgen, das Werk des Zürcher Malers als Gegebenheit seiner Zeit und ihre Umwandlung in einen inneren Bezirk zu erkennen. Eugen Früh hat Zürich nie als ‚Enge' empfunden, auch wenn er vor und während des Krieges den Lebensunterhalt mit Illustrationen zu Zeitungsartikeln verdiente. [...] Seit 1959, als er mit der linken Hand zu malen begann, und nach Aufenthalten in Venedig, der Provence, entstanden kontemplative Ansichten von Gärten, von Stadt, Strand und Häusern. Die Textur dieser Bilder, die ruhige Entfaltung der Farbflächen, welche oft geometrisch unterteilt und von netzartigen Linien zusammengehalten sind, verraten den überlegen gestaltenden Willen und eine durch Erfahrung gereifte Einsicht. Die Reise in den Fernen Osten, die Bilder von Bambuswäldern und Pagoden, bestätigen, wer es bereits wusste: dass der Wert eines Bildes in seinem Geheimnis liegt und dass der Maler im Dienst einer verborgenen Harmonie arbeitet." (U.[rsula] I.[sler], Das Geheimnis des Bildes. Ausstellung Eugen Früh in Zürich, in: Neue Zürcher Zeitung, Nr. 145, 26.6.1981)

„Eugen Früh gehört zu den bedeutendsten unter jenen Zürcher Künstlern, die in den späten dreissiger oder frühen vierziger Jahren den Durchbruch geschafft und einen eigenen Weg gefunden haben. Seine Farbtonsensibilität und sein starker Bildordnungswille machten ein Werk möglich, das zu Recht zu Lebzeiten des 1975 verstorbenen Malers grosse Beachtung gefunden hat. Unterdessen ist es ziemlich still geworden. Zu rechter Zeit hat René Wehrli eine Monographie über den Künstler verfasst, zu rechter Zeit zeigt die Galerie Wolfsberg ‚Bilder aus dem Nachlass'." (Peter Killer, „Von höflicher Modernität", in: Tages Anzeiger Wochenprogramm, 5.6.1981)

Eugen Früh, 1971

Werner Morlang

Die getreuen Samstagsbündler
Zur Freundschaft von Eugen Früh und Max Frisch

In der fünften Nummer der im selben Jahr 1941 gegründeten Monatsschrift „Du" erschien der Aufsatz „Kunst der Erwartung", der – wie der Untertitel ausdrücklich deklarierte – von einem Architekten geschrieben war. Überwölbt wurde dieser Text von einer Tuschzeichnung, die einen jungen Mann darstellt, der mit locker verschränkten Armen an einem offenen Fenster lehnt und eigentümlich versonnen vor sich hin blickt. Weder die vor ihm ausgebreitete ländliche Umgebung noch der mit einer Sprosse versehene Fensterflügel scheinen den Jüngling zu beschäftigen, doch was immer ihn tagträumerisch bewegen mag: nichts trübt den Eindruck eines zeitlos-harmonischen Zusammenspiels von Mensch, Haus und Landschaft. Während der Name des Autors gedruckt aufgeführt wird, bedarf es freilich einiger Mühe, die handschriftliche Signatur des Illustrators, die bei den weiteren fünf dem Aufsatz beigegebenen Vignetten fehlt, zu entziffern. Zwar weiss man nicht, was diesem interdisziplinären künstlerischen Stelldichein vorangegangen ist, aber man darf hier getrost vom Keim einer durchaus „schönen Freundschaft" zwischen Max Frisch und Eugen Früh sprechen.

Vermutlich ging der Vorschlag, den Künstler für die Illustration des Artikels zu gewinnen, vom Chefredaktor Arnold Kübler aus, der nicht ahnen konnte, was er damit in die Wege leitete. Schon von ihren lebensgeschichtlichen Voraussetzungen her entsprachen sich die beiden optimal. Der 1914 geborene Eugen Früh hatte sich schon während der St. Galler Schulzeit eine schlechte Note in der Rubrik „Ordnung und Reinlichkeit" eingehandelt, weil er in Schulbüchern und -heften hemmungslos seiner zeichnerischen Unternehmungslust frönte. Der um drei Jahre ältere Max Frisch frönte als Schüler weniger der Lektüre, dafür umso mehr dem Theater, und so liess es sich der 16jährige nicht nehmen, selber ein mittlerweile verschollenes Stück unter dem Titel „Stahl" zu verfassen, das er, wie billig, dem damals berühmtesten Theaterregisseur Max Reinhardt unterbreitete, der sich indessen für die juvenile Talentprobe nicht erwärmen mochte. In der Folge wurde der dramatische Ehrgeiz nach drei oder vier weiteren Versuchen einstweilen ad acta gelegt, nicht aber das schriftstellerische Bemühen, für das sich Frisch von einem Germanistikstudium offenbar weitere Nahrung erhoffte. Umsonst, wie das allmählich lustlos versickernde Studium beweist.

Ganz anders Eugen Früh, der von 1928 bis 1932 die Kunstgewerbeschule in Zürich besuchte und dort nicht nur in Otto Meyer-Amden, Karl Hügin und Ernst Gubler eine seiner Begabung förderliche Lehrerschaft, sondern sogar seine lebenslange Partnerin Erna Yoshida Blenk vorfand. Mit achtzehn Jahren schloss Früh seine Ausbildung ab und illustrierte gleich schon den Gedichtband „Schiffern und Kapitänen" von Albert Ehrismann. Doch dann ging es bei dem Dichter und dem Maler wieder erstaunlich ähnlich zu. Der auf materielle Selbständigkeit erpichte Frisch unternahm vom Februar bis Oktober 1933 eine Reise durch Ost- und Südosteuropa, die er sukzessive mit den Einnahmen von Reisefeuilletons finanzierte, die er an diverse schweizerische und deutsche Zeitungen verschickte. Und im folgenden Jahr fuhr er die literarische Ernte seiner Reisestation Dubrovnik als „sommerliche Schicksalsfahrt" ein, nämlich den Roman „Jürg Reinhart". Von 1932 bis 1939 bestritt er zu einem ansehnlichen Teil seinen Lebensunterhalt aus insgesamt über 150 Zeitungsbeiträgen,

Erna Yoshida Blenk und Eugen Früh, 1934

hauptsächlich für die „Neue Zürcher Zeitung". Indessen täuscht der Anschein von schriftstellerischer Zielstrebigkeit. 1936 begann Frisch mit finanzieller Hilfe seines vermögenden Freundes Werner Coninx ein Architekturstudium, das er im August 1940 mit dem Diplom beendete. Und auch ihm trug das Studium die Bekanntschaft seiner damaligen Kollegin und späteren Ehefrau „Trudy" Constance von Meyenburg ein. Zwischendurch schrieb er die Erzählung „Antwort aus der Stille", die 1937 erschien, aber er wurde, wie wir heutigen Leser, nicht recht froh darüber, denn kurz darauf veranstaltete er aus seinem bisherigen literarischen Schaffen ein Autodafé und wollte sich einstweilen – siehe den „Du"-Aufsatz – als Architekt verstanden wissen.

Dafür nahm die künstlerische Karriere von Eugen Früh einen unangefochten linearen Verlauf. Wie Max Frisch arbeitete Früh bis Ende der dreissiger Jahre vornehmlich für Zeitungen, Zeitschriften und Bücher, und er gehörte auf Anhieb zu den regelmässigen Illustratoren der „Weltwoche", „Tat" und „NZZ". Doch anders als Frisch, der im nachhinein seine Artikel als quantité négligeable geringschätzte, erschloss sich Früh mit der Illustration zwar einen brotberuflich umwitterten, dennoch ihm behagenden künstlerischen Bereich, den er bis in die fünfziger Jahre hingebungsvoll kultivierte. Und auch Früh reiste schon 1934 mit seiner Frau Yoshida ins Ausland, zunächst nach Paris, wo er Aktstudien betrieb und seiner konstanten Vorliebe für Pierre Bonnard und Eduard Vuillard huldigte. Zu verschiedenen Malen bereiste das Künstlerpaar ausserdem Süd- und Nordfrankreich, Belgien und London, und erst recht nach dem Zweiten Weltkrieg ist die Entfaltung von Frühs Malerei ohne das Mittelmeer, das Eugen und Yoshida Jahr für Jahr aufsuchten, undenkbar. Mit Ausstellungen ging es zunächst etwas weniger flott vonstatten, aber ab 1939 konnte Früh seine Bilder in beneidenswerter Regelmässigkeit bis zu seinem Lebensende öffentlich zeigen, und es fehlte alsbald weder an Käufern, öffentlichen Aufträgen, noch Auszeichnungen. Früh war mit etlichen Werken an der Landesausstellung 1939 vertreten, die wiederum in Frisch einen enthusiastischen Besucher und Promoter fand. Einiges an Landigeist weht in Frischs „Du"-Aufsatz hinüber, dem wir uns nun wieder zuwenden wollen.

Wie eingangs erwähnt, entwirft Frisch seine „Kunst der Erwartung" ausdrücklich als Architekt, obwohl er seine anthropologisch und ästhetisch weit ausgreifenden Anmerkungen nur an einem einzigen architektonischen Detail festmacht. Gegen den Wunsch einer Bauherrin, die an den Fenstern ihres Hauses keine „zerschnittene Aussicht" dulden will, tritt Frisch vehement für Sprossenfenster ein. Damals baute Frisch für seinen älteren Bruder Franz Bruno ein zweistöckiges Wohnhaus in Arlesheim, das er laut den Ausführungen seines Biographen Urs Bircher (S. 214) jenem „Heimatstil" nachbildete, der an der Landesausstellung emphatisch propagiert wurde. In Frischs Text taucht diese Kennzeichnung nicht auf, aber sein Votum für Sprossenfenster entspricht zweifellos jenem Baustil, und an heimatlichen Akzenten fehlt es der betreffenden Passage gewiss nicht:

„Neulich, auf einem Bummel, kamen wir in eine Bauernstube, wie man sie überall in unserem Lande findet ... Draussen gackern die Hühner in den langen Nachmittag, Sonne fällt durch eine Reihe ziemlich kleiner Fenster. Man sitzt bei Käse und Most, voraussichtlich, beim Gesumm einer vereinsamten Fliege, und draussen sieht man das grüne Land, weit und hügelwogend ... Man sieht es durch ein Fenster, das wirklich ein Fenster ist; das heisst: eine durchbrochene Wand. Aber Wand, immer noch Wand, die den Innenraum wahrt. Nicht einfach ein Loch. Das machen unter anderem die feinen Sprossen. Man ist daheim. Man sitzt nicht in einer Glasglocke, wo man, sobald es draussen regnet und wettert, heimgehen möchte und mit Unbehagen entdeckt, dass das ja, diese Glasglocke, unser Heim sein soll. Man sieht auch die Berge, vielleicht nicht auf den ersten Blick, wenn man die Stube betritt; man sieht sie durch das feine Gitter der Sprossen, durch einen Schleier von Gewächs, von Kapuziner und Geschlingel der Reben ... oft noch zwischen den Obstbäumen ...

plötzlich, wie von einem Engel gestreift, leuchtet die Stunde voll innerer Weite, voll Weihe des Geheimnisses, voll Zauber der Beschränkung, voll Weite der Ahnung und Erwartung, die uns beschwingt!"
Das hier angestimmte hohe Lied auf einen Fenstertypus, das bisweilen in trivialliterarische Bereiche abrutscht, hat Eugen

Früh seinerseits in dem einzigen erhalten gebliebenen Brief an Max Frisch vom 24. Juni 1941 dazu bewogen, den „Heimatstil" als „Grundthema" von Frischs Artikel zu bezeichnen. Die architektonische Bewandtnis der Sache dürfte Früh weniger

interessiert haben als die „kunterbunte Betrachtung", die Frisch ihr abgewinnt und die den überwiegenden Teil seines Artikels ausmacht. „Sehnsucht ist unser bester Teil", heisst es zu Beginn von Frischs Überlegungen, und in die Sehnsucht möchte er alles Kunstschaffen einspannen. Ihr mächtiger

Impetus lasse den Künstler immer wieder unerreichbare Ziele anpeilen, und wenn sich einmal Erfüllung einstelle, sei sie von Melancholie umflort, die ihn zu neuen Abenteuern antreibt. Frisch redet aber nicht etwa einem mass- und schrankenlosen Streben das Wort, sondern im Gegenteil: dem Masshalten, der Beschränkung; nicht der Erfüllung, sondern eben der Erwartung; nicht der frei exponierten Landschaft, sondern einer verschleierten, allenfalls durch Sprossen strukturierten Aussicht. Es geht Frisch um eine

Ästhetik der Verschleierung, die das Geheimnis wahrt, und zu deren besserem Verständnis bietet er eine bizarr gesprenkelte Reihe von Beispielen auf. Um nur jene zu nennen, die Früh im „Du"-Heft als „schmückende Beigabe" illustrierte: eine im Vordergrund von Baumästen durchwirkte Seelandschaft; ein Glas Wein, das er gegen „Kessel voll roten Wein" postuliert; einen vergitterten Chor einer Kirche; verschleierte

türkische Mädchen, die er gegen Striptease-Tänzerinnen ins Feld führt; und natürlich eben eine von Sprossen gemusterte Fensterfront.
Es erstaunt nicht, dass Früh in dem erwähnten Brief an Frisch versichert, er habe den „schönen und instruktiven Artikel [...] mit grossem Genuss" gelesen. Zwischen dem Aufsatz und Frühs Malerei besteht eine kongeniale Nähe, auf die bereits Julian Schütt in seiner Frisch-Dokumentation „Jetzt ist Sehenszeit" (S. 218) hingewiesen hat. Auch Früh sucht den Menschen mit seiner Umgebung in ein harmonisches Verhältnis zu setzen. Ebenso trägt er die Spannung von Himmel und Erde aus und hält es mit dem Geheimnis, dem Masshalten,

Eugen Früh: Figürliche Szene, 1942, Kohle und Aquarell, 23 x 32 cm (Privatbesitz). Mit Widmung an Max und Trudy Frisch zum Jahreswechsel 1943/44.

dem „Zauber der Beschränkung". Eine leicht melancholisch getönte Stille hat wenig später Carl Seelig in Frühs Bildern wahrgenommen (1943, Zeitschrift unbekannt). Das Sehnsuchtsmoment, das träumerische Wesen ist nicht nur der Portalsfigur zum „Du"-Artikel eigen, sondern durchzieht Frühs ganzes Schaffen. Kurzum: Wer die damaligen Besprechungen von Frühs Ausstellungen liest, stösst allenthalben auf Gedanken und Vokabeln, wie sie Frischs Artikel aufweist. „Zwischen Traum und Erfüllung bewegt sich so das Schaffen Eugen Frühs, einmal sehnend der Ferne hingegeben und dann wieder überwältigt und trunken von Wirklichkeit gewordenem Glück", schreibt etwa Fritz Laufer 1950 in der Zeitschrift „Kunst und Volk". Weit mehr als diese Anklänge in fremden Texten, die auch solche der Epoche sind, verblüfft ein künstlerisches Bekenntnis von Früh selbst, das er 1967 zu Protokoll gab: „[...] ein grosser Teil meiner Malerei galt eigentlich der Beschwörung eines verzauberten Moments, einer verklärten Stunde; es ist der immerwährende und oft so unvollkommen, so fragmentarisch erfüllte Versuch zur Darstellung eines vielleicht verlorenen Paradieses, einer ‚schönen Welt', einer Welt der Anmut, der Grazie, des Masses und der Zurückhaltung einer Kunstsprache auch, von zarter und heiterer Gewagtheit, von poetischem Takt und bisweilen von höflicher Modernität" (Wehrli, S. 15). Ungeachtet der freieren, helleren, oft verspielten und mitunter abstrakten Malweise seiner letzten beiden Lebensjahrzehnte ist sich Eugen Früh in den prinzipiellen Auffassungen seiner Kunst wahrhaftig treu geblieben.

So wäre denn das Feld für eine erspriessliche Freundschaft bestellt, doch scheint sich diese – nach den spärlich vorhandenen Indizien – erst allmählich entwickelt zu haben. Auf Frischs Verlobungsanzeige um den Jahreswechsel 1941/42 reagierte Früh mit einem Geschenk, wobei die Anrede per Sie keine sonderlich enge Beziehung vermuten lässt. Jedenfalls befand sich das Ehepaar Früh – laut mündlicher Auskunft von Trudy Frisch – bei der Vermählung am 30. Juli 1942 noch nicht unter den Hochzeitsgästen, aber nach Angabe des Gründungsmitgliedes Hans Schumacher konstituierte sich irgendwann 1943 eine aus Literaten und Malern bestehende Freundschaftsrunde, zu deren festen Mitgliedern neben den Dichtern Hans Schumacher und Paul Adolf Brenner insbesondere auch Früh und Frisch gehörten. Im Übrigen waren

Agenda 1947/48 von Yoshida Früh-Blenk, Einträge vom Januar 1947

diese Jahre vom Weltkrieg geprägt, den die beiden letzteren je unterschiedlich überstanden. Vom 1. September 1939 bis zum 17. Mai 1945 leistete Frisch insgesamt 650 Tage Aktivdienst, während Früh dank ärztlicher Zeugnisse von solchen Pflichten verschont blieb. Über die vaterländischen Diensttranchen hinaus erlebte Frisch eine ungemein aufregende, abwechslungsreiche Periode! 1940 erschien sein Soldaten-Tagebuch „Blätter aus dem Brotsack", und die ETH diplomierte ihn zum Architekten. 1941 bezog er sein erstes eigenes Domizil an der Witikonerstrasse und praktizierte in einem Anstellungsverhältnis als Architekt. 1942 heiratete er die grossbürgerliche Kollegin Trudy von Meyenburg und konnte weiterhin die Schriftstellerei nicht lassen. So gründete er denn 1943 ein eigenes Architekturbüro, wurde Vater der Tochter Ursula, gewann unter 82 Konkurrenten den Wettbewerb um den Bau des Freibads Letzigraben und wurde vom NZZ-Literaturpapst Dr. Eduard Korrodi für seinen neuen Roman „J'adore ce qui me brûle oder Die Schwierigen" als „reiner Glücksfall" (NZZ, 2. 4. 1944) gefeiert. 1944 schrieb er, ermuntert vom Dramaturgen des Schauspielhauses Kurt Hirschfeld, sein erstes verbindliches Theaterstück „Santa Cruz" und wurde Vater des Sohnes Hans Peter. Und noch vor Kriegsende wurde im März 1945 zum ersten Mal ein Stück von ihm am Schauspielhaus aufgeführt, nämlich das nach „Santa Cruz" entstandene „Nun singen sie wieder". Zu guter Letzt publizierte der Atlantis-Verlag noch im selben Jahr die Erzählung „Bin oder Die Reise nach Peking".

Bei Eugen Früh ging es in diesem Zeitabschnitt entschieden ruhiger, aber durchaus produktiv zu. Er etablierte sich als herausragender Künstler der jüngeren Generation, der Jahr für Jahr in den Kunsthäusern von Zürich, Bern und Winterthur sowie privaten Galerien wie Aktuaryus, den Ateliers Boesiger & Indermaur, der Kunst-Chammer in Zürich ausstellen konnte.

Seine Pinselzeichnungen zu zwei Werken von Ramuz, die er 1940 und 1942 nach längeren Studienaufenthalten in der Westschweiz vorlegte, stellen einen Höhepunkt seiner Illustrationskunst dar und wurden entsprechend akklamiert. Es fehlte ihm nicht an Käufern, und 1943 wurde ihm der mit Fr. 3000.– dotierte C. F. Meyer-Preis für Malerei verliehen. Diese Erfolge fielen nicht einem leichtfertigen Bohémien in den Schoss, sondern wurden durch eine höchst gewissenhafte Ausübung seines Metiers, mithin durch zähe Disziplin errungen. Dass sich Früh in dieser alles andere als heilen Zeit eher abkapselte und streng auf seine Kunst besann, hätte ihm damals niemand vorgeworfen. Er selber verstand sich wörtlich als Idealist und Lyriker, als einer, der aus dem Innern schuf und später sein Gelobtes Land im Mittelmeerraum fand. Immerhin gilt es festzuhalten, dass der Krieg – soweit mir bekannt ist – keine Spuren in seinen Werken hinterliess.

Auch Max Frisch hatte seinen ästhetischen Konzepten der Erwartung, Beschränkung und Verschleierung keineswegs abgeschworen. In der Erzählung „Bin oder Die Reise nach Peking" kehren sie allesamt wieder, und sogar das hehre Sprossenfenster feiert an einer Stelle fröhliche Urständ: „[...] jener lockere Durchblick in den Garten und die Ferne, den ich mir immer als einen Schleier von Sprossen, ein zierliches Gitter vor der Erwartung gedacht" (S. 68). Dennoch ist der Krieg von der ersten Seite an präsent, und alles Träumen,

Max und Trudy Frisch bei der Taufe der Tochter Charlotte auf dem „Schipf"-Gut in Erlenbach, 1949

Sehnen und Erinnern samt einer mitunter glücklichen Gegenwart hebt sich von dieser düsteren Folie ab, die, anders als bei Frühs Bildern, niemals ausgeblendet wird.

Indessen haben solche Nuancen und Akzente, falls sie überhaupt bemerkt wurden, das Verhältnis zwischen Frisch und Früh in keiner Weise getrübt, wie man zweifelsfrei feststellen kann. Ab 1945 geben nämlich die fortan lückenlos erhaltenen Agenden und vier Tagebücher aus den Jahren 1945, 1946, 1947 und 1952 von Eugen Frühs Frau Yoshida über die Begegnungen der beiden Freunde samt Ehefrauen Auskunft, zumindest hinsichtlich Personen, Zeit und Ort. Was sich während der Treffen zugetragen hat, erhellt leider nur in seltenen Fällen aus vereinzelten Andeutungen Yoshidas. Jedenfalls pflegte sich die oben erwähnte, seit 1943 bestehende Freundesrunde jeweils am Samstag, notfalls auch am Sonntag von 11 bis ungefähr 13 Uhr im Zürcher Café Terrasse zu versammeln. Für Frisch mag diese Örtlichkeit durch den Umstand nobilitiert worden sein, dass sich der von ihm verehrte Dichter Albin Zollinger in seinen letzten Lebensjahren öfter hier einzufinden pflegte, beschirmt von der Serviererin und Zollingers späteren Frau Bertha Fay. Eingehend hat sich Frisch zu diesen Zusammenkünften nicht geäussert, aber im ersten Tagebuch hat er ein auf das Jahr 1946 datiertes Stimmungsbild eingerückt:

„Café de la Terrasse / Ringsum die brandende Stadt, arbeitsam und rege, das Hupen der Wagen, das hohle Dröhnen von den Brücken – und hier diese grünende Insel der Stille, der Musse: es hangt wie ein Summen über den Strassen und Plätzen, über den Alleen, über den Zinnen mit flatternder Wäsche, über dem See. Es ist Samstag. Es ist elf Uhr, die Stunde, wie ich sie liebe: alles in uns ist noch wach, heiter ohne Überschwang, fast munter wie das rieselnde Baumlicht über den marmornen Tischlein, nüchtern, ohne die Hast einer wachsenden Verzweiflung, ohne die abendlichen Schatten der Melancholie – / Alter zwischen dreissig und vierzig." (S. 19 f.)

So oder ähnlich gelaunt traf man sich mit Vorliebe im Terrasse*garten*, zwanglos und doch mit einer gewissen Feierlichkeit, denn Yoshida wundert sich einmal über zwei Anwesende, die doch gar nicht eingeladen worden seien. Man verstand sich jedenfalls expressis verbis als „Samstagsbündler", und Frisch, das Ehepaar Früh sowie der selten fehlende Dichter Hans Schumacher (1910–1993) scheinen den inneren Kreis gebildet zu haben. Von 1947 an wurde Frisch manchmal von Trudy begleitet. Oft dabei war der wie Schumacher eher traditionell operierende Lyriker Paul Adolf Brenner (1910–1967). Von den Malern erschienen Adolf Funk (1903–1996) und Walter Sautter (1911–1991), auch sie keine künstlerischen Avant-

Café de la Terrasse mit Garten, Zürich, 1947

gardisten. Marthe Kauer, die Buchhändlerin am Helvetiaplatz, die in ihrer „Katakombe" legendär gewordene Lesungen veranstaltete, machte ihre Aufwartung. Seltener hospitierten der Komponist Paul Burkhard, das mit den Frühs eng befreundete Publizistenpaar Urs und Margot Schwarz, François Bondy und der Verleger Walter Meier. Man hielt auf Regelmässigkeit, doch diese wurde von der Reiselust ausgerechnet der verschworensten Mitglieder arg durchbrochen. Eugen und Yoshida Früh verbrachten jedes Jahr zwei bis drei Monate ausserhalb von Zürich, etwa in Graubünden und im Tessin, Rom und Paris, Südfrankreich und Süditalien, Spanien und Dalmatien, wo Eindrücke gesammelt und fleissig skizziert wurde. Frisch wiederum bereiste allein oder in Begleitung von Trudy Deutschland, Italien und Spanien, vor allem die Städte Berlin, Wien, Paris, Prag und Warschau. Auch seine Reisen waren beruflich motiviert, doch während Früh sich in einer ersehnten Terra promessa redlich seiner bewährten Gestaltungsmittel versicherte, hatte es Frisch auf Verunsicherung und Konfrontation durch das kriegsversehrte Europa angelegt.

Die Absenzen wurden gebührend notiert. So bedauerte Schumacher einmal in einem Brief an Eugen und Yoshida: „Einzig im Terrasse ist es nun samstäglicherweise etwas vereinsamter als sonst, denn ausser Euch ist auch noch der Dauer-Brenner in die Ferien verschwunden – so dass allenfalls Max und ich allein in hohen und gelehrten Gesprächen erstarren." Doch war die Viererbande Frisch, die beiden Frühs und Schumacher wieder einmal vereinigt, so am 12. 2. 1949, gab es laut Yoshida „immer anregende Gespräche über Tod u. Teufel". Was soviel heissen mag, wie über Gott und die Welt, und nicht nur jederlei Themen, sondern auch jederlei gedankliche Höhen und Tiefen einschliessen konnte. Vom 17. 12. 1947 berichtet zum

Beispiel Yoshidas Tagebuch: „Terrasse mit Max [Frisch], Hans [Schumacher] und Dölf [Funk], allerdings ohne mich. Eugen kommt sehr vergnügt von dieser Herrengesellschaft nach Hause. Dölf muss so lustige Sachen von der Jagd erzählt haben." Und einige Stunden später ging es in veränderter Konstellation weiter: „Soirée bei Marthe [Kauer]. Paul [Burkhard?], [Annemarie] Schwyter, Max, Trudy und wir zwei. Viel politisiert. Besonders Paul flucht über die Russen u. ihre Politik." Ein samstägliches Terrasse-Treffen konnte ein reich gestaffeltes Tagesprogramm präludieren: „22. 9. [1945]/Terrassegarten mit Max u. Hans. Nachm. alle 4 eine Stunde gesegelt. / Abends Schauspielhaus ‚Der Verschwender' von Raimund. Emil Stöhr spielt den Diener entzückend. Nachher im Pfauen mit Max u. [Kurt] Hirschfeld gesessen bis Mitternacht." Oder am 29. 11. 1947 verläuft der Tag folgendermassen: „Samedi-Terrasse mit Max, der nun von Berlin zurück ist, Hans Sch. u. Ad. Funk. Ich habe seit Montag viele Passepartouts für die Gouachen v. Eugen fabriziert. Endlich sehen die Blätter ‚gut gekleidet' aus. – Abendessen mit Marthe bei Trudy u. Max. Er erzählt viel von Berlin. Auch scheint er ein tolles Leben dort geführt zu haben. Manchmal meint er, er müsse es weiter so treiben. Aber die Schweiz ist sehr nüchtern!" Die Berichterstattung verrät einen leisen Tadel am „tollen" Berliner Leben, wobei Yoshida am folgenden Samstag Frisch wiederum vor ihrem Schwager Kurt, dem Filmemacher, in Schutz nimmt: „Abends Soirée bei uns mit Max, Trudy, Eva [Früh-Langraf], Kurt, Dölf u. Lissy [Funk]. Eugen zeigt im Atelier seine Gouachen vom Midi. Nachher viel geplaudert, Kurt contre Max. Kurt benimmt sich sonderbar. Ist das etwa der Neid auf die Erfolge von Max?" Und wenig später überwiegen erneut die Bedenken: „20. 12. Samedi. / Terrasse mit Max, Walter Sautter, Dölf. Haben weihnachtliche Gedanken. Nur Max scheint sich gar nicht darauf zu freuen. Er hat sich in den letzten 2 Jahren ziemlich verändert. Er ist SEHR unbürgerlich geworden." Nun muss man bei Yoshidas Missbilligung in Rechnung stellen, dass sie selber Weihnachten eine hohe Bedeutung beimass, die sich in den Agenden als pingelige Buchhaltung der Geschenktransaktionen niederschlug. Freilich dürfte Max hin und wieder verstörend-frischen Wind aus der Fremde in die heimische Terrassenwelt gebracht haben, aber bis 1949 scheint die Freundschaft der Paare Frisch und Früh leidlich intakt gewesen zu sein. Allein im Jahr 1947 wird Frischs Name im Tagebuch an mehr als vierzig Stellen erwähnt, und die Agenda von 1949 enthält noch über zwanzig auf Frisch bezogene Einträge.

Noch häufiger als im Terrasse haben sich Frisch und Früh zu zweit oder in wechselnden Gruppen im privaten Rahmen getroffen. Die Paare luden sich in schöner Regelmässigkeit gegenseitig zum Essen ein. In Eugens Atelier wurden dann etwa Würste oder ein Curry-Gericht vertilgt oder am 10. 2. 1945 nach Mitternacht Kaffee getrunken und „sehr heiter über Literatur, Träume und Frauenstimmrecht geplaudert. Es war sehr amüsant." Mitunter fand Yoshida allerdings den Besuch von Marthe Kauer und Frisch „fast ein wenig langweilig" (6. 1. 1946), und später, als die Freundschaft zur Neige ging oder bereits gegangen war, heisst es am 23. 1. 1950: „7 Uhr Trudy u. Max zu einem Wurstessen im Atelier v. Eugen. Nachher Torte nougatine angeschnitten. Einen etwas kühlen Abend verbracht, ohne einen Funken Heiterkeit", während Eugens Agenda das frostige Klima ausblendet und lediglich vermerkt: „Wir essen zusammen Saucisson vaudois in meinem Atelier". – Und die Einladungen an die Zollikerstrasse 265, in „Trudys Garten"? Da wurde jeweils ein nicht weiter spezifiziertes „Abendbrot" eingenommen und „schön", „sehr angeregt", „lustig" usw. bis in den frühen Morgen „gedämpft geplaudert". In der Erzählung „Bin" hat Frisch die Ambiance trefflich eingefangen: „Sogar Garten haben wir nun, nicht viel, Blumen, Ausblick in die Bäume der Nachbarn, in Kirschen und Birnen, die nicht uns gehören, und im Herbst, mitten in der blauen Stille, hört

Eugen Früh im Atelier-Bilderlager, 1942

Bilderbuch von Trudy Frisch zur Wohnung an der Zollikerstrasse 265, gezeichnet für die Kinder Ursula und Hans Peter (Privatbesitz). Das Haus im Überblick

man sie plumpsen. Nun haben wir auch bald schon ein Kind. Wir sind in einer Weise glücklich, die uns kaum noch ein Recht lässt auf Sehnsucht; das ist das einzig Schwere ... [...] Manchmal kommen sie am Abend herüber, Freunde, nicht viele, nicht eigentlich oft; wir trinken einen Wein, spannen die verflochtenen Hände ums Knie – und draussen steigt langsam der Mond über die Obstbäume." (S. 60)
Es kommt auch zu gemeinsamen Ausflügen, so zweimal mit dem Fahrrad auf den Wassberg: „8.6.45 / Nachmittags mit Trudy und Max F. Velofahrt auf den Wassberg. Nachher in Uerikon im etwas kalten See gebadet. Fisch gegessen. Unter leisem Gewitterregen nach Hause geradelt." Im Herbst 1947 fasst man sogar Toskana-Ferien zu viert ins Auge. Die Frischs reisen voraus, die Frühs hätten nachfolgen sollen, doch dann wird das Vorhaben am 25. September von Yoshida abgeblasen: „Schreibe einen Brief an Max u. Trudy nach Florenz. Es wird eine Enttäuschung sein für Max, weil wir sein liebenswürdiges Angebot nicht annehmen. Es fragt sich auch, ob wir zwei Eigenbrödler im Ausland so gut mit ihm ausgekommen wären. Ich bin eine sehr schwierige Reisebegleiterin auf die Dauer. Ausserdem muss Eugen täglich in die Druckerei wegen dem Tschechow-Buch." In der Folge ist Frisch tatsächlich verärgert, umso mehr, als Yoshida erst jetzt so recht südliche Reiselust verspürt: „10.10.47 / Max und Trudy sind wieder

Blick auf „Trudys Garten" durch ein Sprossenfenster

zurück aus Florenz. Sie verbringen den Abend bei uns und erzählen viel Schönes. Max ist immer noch enttäuscht, dass wir nicht gekommen sind. Dass wir aber nächsten Sonntag nach Rom u. Neapel reisen werden, verstimmt ihn mit Recht. Es ist auch sonderbar von uns, vielmehr bin ich die seltsame Sünderin. Im Stillen mache ich mir heftige Vorwürfe."

Gelegentlich feiert man die Geburtstage zusammen, und Frisch erhält zum seinigen 1946 von Früh eine Karl-Geiser-Radierung. Traditionell verbringt man in erweiterter Gesellschaft die Sylvester bei Marthe Kauer, bei Frischs oder Frühs. Die Samstagsbündler veranstalten auch hin und wieder häusliche Feste, von denen eins vom 29. 12. 1945 herausragt: „Samstag. Abends grosses Fest bei Schumachers. Frischs, Brenners, Guggenbühls. Hans beschenkt alle reizend mit Büchern. Gefestet bis in den Morgen hinein. Sogenanntes Schnauzfest. Sehr amüsante Angelegenheit." Das Vergnügen hielt offenbar bis zum folgenden Samstag an, da im Terrasse die „schnauzgeschmückten Männer" noch einmal aufs Tapet gebracht wurden. Aus dem runden Dutzend festlicher Lustbarkeiten hat ein merkwürdiges Souvenir überdauert. Es handelt sich dabei um ein hellockerfarbenes Taschentuch von 45 cm Seitenlänge, mit balkenähnlichen Bordüren und dem gestickten Monogramm M. In die Mitte

Das von Max Frisch beschriftete Taschentuch, 1948

des Tuches wurde ein pfeildurchbohrtes Herz gezeichnet, ein Emblem, dem sich die überschwenglichen Interjektionen in Blockschrift beigesellen: „O LIEBE! / O SCHWEISS! / O SCHNUDDER! / O EWIGKEIT IM AUGENBLICK". Das Ganze ist von allen Seiten mit den nachstehenden Worten umrahmt. Auf einer Seite wird in Joséphine Bakers Chanson eingestimmt: „J'AI DEUX AMOURS! MON COEUR EST RAVI!" Im rechten Winkel dazu wird der schweisstreibende Anlass genannt: „DER UNVERGESSLICHE ZEHENTANZ". Dann wird das Erotikum mit der Beschwichtigung entschärft: „IN ANWESENHEIT UNSERER GATTEN", und zuletzt wird es auf den 15. 2. 48 datiert und mit YOSHIDA/MAX signiert. Leider schweigt sich die 48er-Agenda über die weiteren Pikanterien zu dieser Begebenheit aus, da Yoshidas Einträge erst am 20. März einsetzen. Ihre unbedingte Treue zu Eugen lässt indessen nur Harmloses vermuten. Dass Frisch für den Charme der aus Shanghai gebürtigen bildhübschen Frau empfänglich war, darf gleichfalls angenommen werden. Als kinderlose Künstlerin war sie viel stärker im Freundeskreis integriert als Trudy, und die Chinoiserien der Erzählung „Bin" und der Farce „Die chinesische Mauer" sind wohl nicht ganz ohne Yoshidas Einfluss entstanden. In den vom Max Frisch-Archiv verwahrten Entwürfen zum Theaterstück (Heft Nr. 76, datiert: 22. 5. 45) tritt jedenfalls eine Figur namens Tschi auf, von dem es heisst, er „liebt Yoshida, er bleibt, was er ist, der Dichter ...". Dabei ist der Autor unschlüssig, ob er diese Yoshida seinem Tschi als Tochter oder Gattin zuordnen solle.

Max Frisch und Yoshida Früh-Blenk, den Ofen flankierend, anlässlich des Fests zur Vernissage einer Blenk-Ausstellung, 1948.
Links am Tisch Urs Schwarz, in der hinteren Reihe (von links) Margot Schwarz, Lissy Funk, Marthe Kauer und Bianca Fischer, davor (mit Blumen) Hans Fischer „fis", Eugen Früh und Adolf Funk

Natürlich haben Max Frisch und Eugen Früh die Produkte ihrer Werkstatt wechselseitig begutachtet und geschätzt. Frisch etwa hat nicht nur die für Freunde veranstaltete „intime Vernissage" bei Bodmer vom 7. 6. 1947 besucht (siehe Yoshidas Tagebuch), sondern war auch im Juli – wie er am 17. 7. Eugen schreibt – „wieder einmal in Deiner Ausstellung". An der Ausstellung bei Orell-Füssli im Frühjahr 1948 kaufte er sogar für Fr. 50.– die Zink-Lithographie „Das Paar". Schon jenes „Blatt", das ihm Früh zur Verlobung um den Jahreswechsel 1941/42 überreichte, hatte Frisch „sehr gefallen", und er versicherte dem Maler, er und Trudy würden es „an einer von unseren künftigen vier Wänden" aufhängen (Brief vom 5. 1. 1942 an Eugen Früh). Zweifellos besass Frisch auch noch andere Werke Frühs, aber deren und der erwähnten Blätter Verbleib kann einstweilen nicht eruiert werden.

Auf der anderen Seite haben Eugen und Yoshida Früh den Premieren von vier Theaterstücken Frischs beigewohnt. Am 29. 3. 1945 berichtet Yoshida: „Abends in der Premiere von ‚Nun singen sie wieder' im Schauspielhaus. Ich hätte nie gedacht, dass Max so erregt sein könnte! Er hat mir leid getan, so nervös und bleich war er." In diese Zeit fiel das wochenlange Sterben von Eugens Bruder Huldreich, für den Maler das aufwühlendste Ereignis jener Jahre, das die ganze Familie Früh zutiefst erschütterte. Zur Premiere von „Santa

Cruz" schreibt Yoshida: „Max hat viel Erfolg. Er ist rührend erregt und leidet sichtlich." Schon am Vortag war Eugen bei der Hauptprobe anwesend und skizzierte. Am 4.4.1946 haben die Frühs das Stück ein weiteres Mal gesehen, und Yoshida vermerkt dazu: „Es [‚Santa Cruz'] gefällt mir immer wieder. Nach der Vorstellung mit Max u. Trudy in der Kronenhalle." Am 19.10. des gleichen Jahres folgte die Premiere der „Chinesischen Mauer", und dazu heisst es im Tagebuch: „Sitzen mit Max u. Trudy in der Loge im Parterre. Viele Erfolge für Max." Auch diesmal fertigte Eugen bei der Hauptprobe Skizzen an, und auch diesmal wurde das Stück ein zweites Mal angeschaut, mit anschliessender Trinkrunde im „Pfauen". Am 8.1.1949 fand die Premiere von „Als der Krieg zu Ende war" statt, laut Yoshida: „Die [Brigitte] Horney spielt prächtig. Nachher alle bei [Urs und Margot] Schwarzs (ca. 20 Pers.) bis 4 Uhr morgens." Vier Tage später weiss Yoshida zu berichten: „Abends bei Max Frisch Wein getrunken, er ist etwas empört über die Kritiken", und am Weihnachtstag 1949 lässt sie verlauten: „Etwas matt den ganzen Tag ‚Als der Krieg zu Ende war' von Frisch gelesen." Die Premiere von „Graf Öderland" am 10.2.1951 wird zwar angegeben, aber die Aufführung erst 11 Tage später besucht mit dem Befund: „Merkwürdiges Stück", eine Meinung, die Eugen in seiner Agenda sekundiert: „recht zwiespältiger Eindruck dieses merkwürdig misslungenen Stückes." Auch die Uraufführung von „Don Juan oder Die Liebe zur Geometrie" am 5.5.1953 lassen die Frühs verstreichen, um zwei Tage später nach erfolgtem Theaterbesuch festzustellen: „sehr amüsant" (Yoshida) und: „trotz einiger Vorbehalte haben wir uns gut unterhalten und uns über diese freche Komödie amüsiert" (Eugen). Damit hören – nach meiner gewiss nicht endgültigen Durchsicht – sämtliche Einträge zu Max Frisch in den Agenden der Frühs auf.

Für das nicht nur menschlich, sondern auch künstlerisch angeregte Verhältnis von Frisch und Früh Mitte der vierziger Jahre ist der Fall „Santa Cruz" sehr aufschlussreich. Frisch hatte das Stück im August/September 1944 binnen weniger Wochen geschrieben, doch dauerte es noch anderthalb Jahre, bis es unter der Regie von Heinz Hilpert im Schauspielhaus mit ungewöhnlichem Erfolg bei Kritik und Publikum aufgeführt wurde. Am 23.11.1945 las Frisch in der „Waage" Yoshida und Eugen aus „Santa Cruz" vor, doch es ist möglich, dass er Eugen schon zu einem früheren Zeitpunkt mit dieser dramatischen Arbeit vertraut gemacht hatte. Jedenfalls schrieb er am 28.12.1945 an Walter Muschg, der die Möglichkeit in Aussicht stellte, das Stück in der von ihm betreuten Reihe Klosterberg bei Benno Schwabe zu publizieren: „Ich wäre glücklich,

Titelblatt der Erstausgabe von „Santa Cruz", 1947

wenn es als zweites Klosterbergbändchen herauskäme. Sie sagten selber, man müsste es ein wenig schmuckvoller herausbringen, ohne Luxus, den sich diese Reihe mit Recht verbietet; ich dachte schon früher an Federzeichnungen meines Freundes, Eugen Früh, der augenblicklich sehr glücklich arbeitet, zu diesem Spiel eine lebhafte Beziehung hat – er ist es, der mich ermunterte, es ins Reine zu bringen und nicht liegen zu lassen – und der es sehr gerne machen würde, wie er mir früher schon sagte. Ich sprach nun mit ihm. Er sagt mir, dass der

Verlag für die Illustration eines Bändchens üblicherweise nicht mehr als 150 Franken ausgeben will; nun fänden wir es aber schön, sogar notwendig, mehr als nur zwei Federzeichnungen einzustreuen, vielleicht deren sieben oder acht, je eine zwischen den einzelnen Akten und eine Vignette am Schluss. Früh wäre nun einverstanden, für das erwähnte sehr bescheidene Honorar, das wir nicht erhöhen wollen, sieben oder acht Federzeichnungen reproduzieren zu lassen, wenn ihm die Originale wieder zurückgegeben werden. Wären Sie und auch der Verlag damit einverstanden? Wenn ja, würde sich Eugen Früh schon bald an die Arbeit machen."

Diese Vorschläge wurden von Muschg und dem Verleger allesamt gutgeheissen, und offenbar nahm das Unternehmen für alle Beteiligten einen erfreulichen Verlauf. Zwar wurde Frischs Wunsch eines „lockereren und grosszügigeren" Satzes (Brief an Muschg, 3. 4. 1946) als beim zuvor erschienenen Bändchen „Nun singen sie wieder" nicht entsprochen, aber dafür durfte Früh statt der ursprünglich vorgesehenen „sieben oder acht Federzeichnungen" deren zehn beisteuern. Früh schuf insgesamt dreissig Illustrationen, und die beiden Freunde wählten dann nach den räumlichen Vorgaben des Umbruchs jene zehn Bilder aus, die ihnen geeignet schienen. Das fertige Produkt durfte sich sehen lassen und Frisch hielt mit seiner Begeisterung nicht zurück: „Die Auswahl, die wir getroffen haben, gibt eine schöne Fülle, wie mir scheint, und es wird ein schönes und allein für das Auge ein liebenswertes Bändchen geben; ich freue mich darauf und bin glücklich, es in Ihrer Sammlung zu wissen." (Brief an Muschg, 13. 8. 1946)

Der Dichter und der Illustrator fanden sich weniger im dramatischen Element, das in diesem Stück ohnehin gegenüber dem epischen und lyrischen zurücktritt, als im atmosphärischen Bereich, der sich einmal mehr als Frühs Domäne erweist. Früh stellt keine Handlungen, sondern vielmehr Konstellationen und „Settings" dar. Dem Vorspiel und den fünf Akten gehen je eine ganzseitige Zeichnung voraus, der zweite und dritte Akt werden ausserdem durch eine kleinere Zeichnung abgeschlossen und der ganze Text wird von einem Titelbild und einem Endbild eingefasst. So sehen wir denn eine Wirtshausszene mit dem gitarrespielenden Vaganten; Elvira und den tischdeckenden Diener; Elvira und den Rittmeister vor dem Kamin sitzend; die Liebenden an der Reling; den Schreiber und den Diener in wartender Haltung; den am Fenster stehenden jungen Pelegrin, der sehnsüchtig nach seinem Schiff Ausschau hält; endlich, um einen Akt seltsamerweise verschoben, den gefesselten „Dichter" Pedro mit den uneinigen Liebenden Elvira und Pelegrin im Hintergrund. Die Figuren harren gleichsam etwas verloren oder beziehungslos im Raum, umstellt von bürgerlichem Mobiliar und Wänden, wobei eine wiederkehrende Hafenszenerie für die Traumwelt der Protagonisten aufkommt. Und während auf dem Titelblatt der Rittmeister sinnend vor einem Globus samt Tintenfass, Schreibfeder und Papierrolle steht, verweht auf dem letzten Tableau das Stück gewissermassen im Schneetreiben (Abbildungen S. 42–45). Es handelt sich bei diesem unscheinbaren Opus durchaus um ein kongeniales Zusammenwirken der beiden Freunde.

Im Frühjahr 1949 kam es zu einer letzten Kooperation in dem von Max Frisch gebauten Freibad Letzigraben. Die Ausführung des bereits 1943 Frisch zugesprochenen Projektes hatte sich um Jahre verzögert. Erst im August 1947 wurde der Aushub in Angriff genommen, und nach diversen weiteren Pannen konnte am 18. Juni 1949 die Anlage endlich eingeweiht werden. Frischs erstes Tagebuch unterrichtet sukzessive über die bald beglückenden, bald frustrierenden Erfahrungen während der einzelnen Bauetappen, Eugen Frühs Beitrag bleibt indessen unerwähnt. Laut Yoshidas Agenda haben die Freunde am 23. 2. 1949 den Bauplatz besichtigt und an der Peripherie des Geländes, für die sogenannte „Trinkhalle", ein längliches von Früh anzufertigendes Wandbild erwogen. Am 10. April wurde das Vorhaben eingehend besprochen, am 27. Mai begonnen und binnen einiger Tage realisiert. Mitte Juni reiste nämlich das Ehepaar Früh nach Biarritz und liess sich am Eröffnungstag des Schwimmbades, wie Yoshidas Tagebuch verkündet, vom hohen Wellengang des Atlantiks umtosen. Früh hatte auf rund 10 Meter Länge und über 2 Meter Höhe die hellblau getönte Unterwasserlandschaft „Aquarium" entworfen, mit Schlingpflanzen, Steinen, Seesternen und drei voluminösen Fischen: eine ihrem Zweck entsprechend reizvolle Komposition, die sich heute in lamentablem Zustand befindet. So auffällig sich das Fresko allein schon in seiner Dimension ausnimmt, gehört es zu den verschwiegensten Werken von Früh. Obwohl dieser seine Arbeit geflissentlich zu dokumentieren pflegte, finden sich in seinem Nachlass keinerlei Unterlagen, nicht einmal Zeitungsberichte zu dem Wandbild.

In der Folge ging die Freundschaft des Malers und des Schriftstellers allmählich zu Ende. Zwar verbringen die Ehepaare den Jahreswechsel 1949/50 in bewährter Tradition zusammen, aber beim nächsten Sylvester wird das unerwartete Erscheinen von Max und Trudy in Eugens Agenda, aus welchen Gründen immer, als „sonderbar" registriert. Insgesamt erwähnt Eugens Agenda für 1950 lediglich sieben, teilweise zufällige Begegnungen. 1951 scheint es gar keine nennenswerten Tref-

Eugen Früh: „Aquarium", 1949, Wandbild im Freibad Letzigraben von Max Frisch.
Gesamtbild im Originalzustand

Ausschnitt des Wandbildes, heutiger Zustand

fen gegeben zu haben. Offenbar hat sich am Abend des 25. 2. 1951 das Ehepaar Schwarz abfällig über Frisch geäussert. „Margot [Schwarz] ziemlich lieblos über alles von M. F. Geschaffene", hält Yoshida dazu fest, und Eugen vermeldet: „Stachelige Diskussionen um M. F. – von Seiten Schwarzens mit äusserst geringem Wohlwollen." Die Formulierungen deuten darauf hin, dass eine gewisse freundschaftliche Verbundenheit immer noch bestanden hat. 1952 fehlen indessen jegliche Frisch-Bezüge in den Agenden, aber auf der Besucherliste einer Herbstausstellung von Eugen Früh in der Galerie Orell Füssli heisst es unter dem 10. 11. 1952: „Max Frisch (gratuliert)". 1953 trifft man sich noch einmal zum 50. Geburtstag von Adolf Funk, und damit hat es einstweilen sein Bewenden.

Was hat diese während mindestens fünf Jahren doch sehr animierte Freundschaft auseinander gebracht? Aus den vorhandenen schriftlichen Zeugnissen lässt sich die Entfremdung nicht unmittelbar dingfest machen. Die noch lebenden Zeugen, Trudy Frisch-von Meyenburg und Eugens Schwägerin, Eva Früh-Langraf, wissen von keinen heftigen Auftritten, gehässigen Disputen oder unwiderruflichen Entschlüssen, und auch Frischs zweite Frau Marianne kann sich keiner negativen Worte Frischs über den einstigen Freund entsinnen. An Früh wird es kaum gelegen haben. Er hat weiterhin an Yoshidas Seite seinen geradlinigen Kurs eingehalten und seine anmutig kolorierten Figuren und Landschaften, mithin das geliebte, gelobte Mittelmeer gemalt. Dagegen hat sich Frisch von den ästhetischen, gesellschaftlichen, nationalen, nicht zuletzt auch beruflichen und menschlichen Prämissen ihrer Verbindung immer radikaler abgewandt. Vom April 1951 bis Mai 1952 hielt er sich dank eines Stipendiums der Rockefeller Foundation in den USA auf und entfernte sich somit schon geographisch von seinen Zürcher Kreisen. Aber auch die Rolle als Ehemann und Vater wollte Frisch immer weniger behagen, und wer „Santa Cruz" aufmerksam liest, wird nicht nur das Schloss, sondern auch das heilige Kreuz als ironische Metapher für das Ehejoch auffassen. Erst recht probt das Stück „Öderland", dessen Uraufführung 1951 seine Landsleute vor den Kopf stiess, den Ausbruch aus der bürgerlichen Existenz. Zudem haben seine Begegnungen und Erfahrungen im Ausland die heimatlichen Bande gelockert. All dies und anderes haben dazu geführt, dass Frisch sich 1954 von seiner Familie und einige Monate später auch von seinem Architekturbüro trennte, um fortan der freien Schriftstellerei zu leben. Zumal für die Entscheidung, sich von Trudy und den Kindern abzuwenden, hatten wohl das verschworene Ehepaar Früh, aber auch die meisten übrigen Samstagsbündler wenig Verständnis. Fortan herrschte zwischen ihnen und Frisch ein laues bis indifferentes Klima. Oder doch nicht ganz? Ein lockerer Kontakt zu Marthe Kauer blieb erhalten. Und in seinem Erinnerungsbuch „Leben und Schreiben" schildert Traugott Vogel eine nachmittägliche Szene von 1963 mit dem inzwischen beinahe erblindeten Paul Adolf Brenner: „Er liess sich durch uns am Ellbogen lenken, ging sehr aufrecht, mit den Füssen vortastend und den leeren Blick hinter den dicken eisgrau beschlagenen Gläsern gradausgerichtet. Jemand erhob sich von einem Ecktischchen, kam auf ihn zu und umarmte ihn. Paul erkannte die Gestalt sogleich und legte seine Backe an des andern Hals. Der Begrüssende war Max Frisch, mit dem Paul befreundet war. Wir drei fanden abseits Platz an einem freien Tisch und bald kam Frisch dazu. Es war zur Zeit, da er den ‚Gantenbein' abschloss und der Verleger Siegfried Unseld (Suhrkamp-Verlag) mit ihm verhandelte. Frisch berichtete ohne Geheimnistuerei über seine Arbeit, legte Paul die Hand auf den Arm und schien es sich zu verbieten, nach des Freundes Befinden und Plänen zu fragen, wohl erkennend, dass er in eine ausgebrannte Leere hinein gefragt oder forschend etwas verwundet hätte. Hingegen stellte er nebenbei eigenes körperliches Unbehagen fest und sagte, er sehe gelb, und das müsse wohl mit der Leber zusammenhängen." (S. 250 f.)

Doch damit nicht genug. Als der „Gantenbein" erschien, schickte er Brenner von Rom aus ein Exemplar des Romans mit der Widmung „In Freundschaft aus der Ferne". Der Empfänger dankte Frisch etwas spät, aber überschwenglich und „in alter Freundschaft".

Von den „Samstagsbündlern" hat sich im Nachhinein nur Hans Schumacher zu diesen legendären Treffen geäussert. Sein rares Zeugnis, geschrieben für den Katalog der Eugen Früh-Ausstellung 1962 im Zürcher Helmhaus, soll hier nicht fehlen, zumal es auch den einzigen Datierungshinweis über den Beginn der Tradition liefert.

Hans Schumacher: Damals im Terrasse

Da sassen einst einige zusammen, ziemlich regelmässig, durch Jahre hindurch, am Samstag, gelegentlich auch am Sonntag, so von 11 Uhr an gegen den Mittag hin und manchmal darüber, sassen im Café de la Terrasse, noch an den seither längst verschwundenen Marmortischen, wo einst Albin Zollinger sein Gedicht „Auf ein Schneckenhaus" geschrieben hatte, angeregt durch die Geädergraphik der Tischplatte, wo der Kellner Josef bediente, dem man zum kippenden Abräumen stets einen Rest Schnaps im Glas liess, wo der Mann der gefürchteten Signatur „E.K.", Eduard Korrodi, zur selben Zeit weit entfernt in einer andern Ecke rauchte, Aigle trank, schrieb, alles hastig und zitterig, unterbrochen nur durch kurze Besuche literarischer Grössen und solcher, die sonstwie für längere oder kürzere Zeit im Glanze des Feuilletons der „Neuen Zürcher Zeitung" wandelten, zu denen aber selten einer von unserm Tisch stiess. Unser Tisch – wer sass denn darum herum? Maler und Schriftsteller: Eugen Früh, Max Frisch, Paul Adolf Brenner, zuweilen auch Yoshida, Trudy ... Dass Frisch die Diskussionen unseres Tisches – sie griffen weit über Farbe und Tinte hinaus – belebte, versteht sich von selbst.

Wann es begann, weiss ich nicht mehr genau. Als Anhaltspunkt: Eugen und ich bekamen den Conrad Ferdinand Meyer-Preis (Frisch und Brenner hatten sich ihn bereits zugezogen) und traten vom Terrasse aus den etwas beschwerlichen Gang zu den Zeremonien in einem bankdirektorialen Hause am Zürichberg an. Es gab eine Berner Platte, in Kriegszeiten ein Ereignis. Das war 1943. Damals bestand das also schon. Wann es endete? Kaum mehr genau auszumachen. Das zieht sich ja meistens lange hin, abbröckelnderweise. Immerhin, man kennt sich noch, freut sich bei einem gelegentlichen Wiedersehen. Oder, Eugen? – Gut, so rufe ich Dir denn einen herzlichen Gruss zu und gratuliere Dir, wie früher schon oft, zu einer neuen Ausstellung und frage Dich und mich und alle andern zugleich: Hat es irgendwo für uns noch so etwas wie ein Terrasse, um endlich von dem verfluchten, greisenhaften „Damals, weisst du noch?" loszukommen?

Eugen Früh: „Santa Cruz. 15 Zeichnungen für Max Frisch", 1946

4

5

6

7

Seite 42–45: Mappe mit 15 Illustrationsvorlagen, Tusche und Gouache, 10 x 13 cm bis 28 x 19 cm (Privatbesitz), davon 10 veröffentlicht in der Erstausgabe von „Santa Cruz" (1: Titelblatt, 2: Seite 6, 3: Seite 21, 4: Seite 45, 5: Seite 59, 6: Seite 60, 7: Seite 69, 8: Seite 70, 9: Seite 95, 10: Schlussblatt)

8

9

10

Bibliographie

Zu Max Frisch:

Max Frisch: Bin oder Die Reise nach Peking, Atlantis Verlag, Zürich 1945.
Max Frisch: Santa Cruz. Eine Romanze, mit zehn Zeichnungen von Eugen Früh, Sammlung Klosterberg, Schweizerische Reihe, herausgegeben von Walter Muschg, Benno Schwabe & Co, Basel 1947.
Max Frisch: Tagebuch 1946–1949, Suhrkamp Verlag, Frankfurt/Main 1950.
Max Frisch: Jetzt ist Sehenszeit. Briefe, Notate, Dokumente 1943–1963, herausgegeben und mit einem Nachwort versehen von Julian Schütt, im Auftrag der Max Frisch-Stiftung, Suhrkamp Verlag, Frankfurt/Main 1998.
Max Frisch: Kunst der Erwartung. Anmerkungen eines Architekten, in: Du, Schweizerische Monatsschrift, 5. Nummer, 1. Jahrgang, Juli 1941, Zürich, S. 8–11.
Urs Bircher: Max Frisch 1911–1955. Vom langsamen Wachsen eines Zorns, Limmat Verlag, Zürich 1997.
Volker Hage: Max Frisch, Rowohlt Monographie, erweiterte Auflage, Reinbek bei Hamburg 1990.

Zu Eugen und Yoshida Früh:

Yoshida Früh: Tagebücher 1945, 1946, 1947 und 1950 (Früh-Stiftung).
Yoshida Früh: Agenden 1945–1995 (Früh-Stiftung).
Eugen Früh: Agenden 1950–1959; 1961–1975 (Früh-Stiftung).
Eugen Früh: Ordner Ausstellungen. Illustrationen. 1932–1948 (Früh-Stiftung).
Eugen Früh: Ordner Ausstellungen. 1949–1958 (Früh-Stiftung).
Eugen Früh: Panneaux, Gouaches, Monotypien. 1957–1962, Ausstellungskatalog Helmhaus Zürich (29. 9.–28. 10. 1962).
René Wehrli: Eugen Früh. 1914–1975, Verlag Wolfsberg, Zürich 1981.

Ausserdem:

Traugott Vogel: Leben und Schreiben. Achtzig reiche magere Jahre, Orell Füssli Verlag, Zürich 1975.

Der Briefwechsel von Max Frisch und Eugen Früh

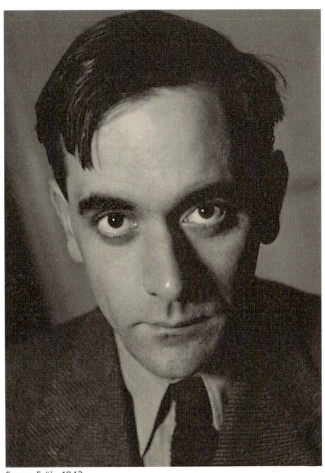

Eugen Früh, 1943

Max Frisch, 1943

Editorische Vorbemerkung

Die folgenden 8 Briefe und 1 Postkarte von Max Frisch an Eugen Früh befinden sich im schriftlichen Nachlass des Ehepaars Früh. Der hier ebenfalls abgedruckte Brief von Eugen Früh ist das einzige erhalten gebliebene Schreiben Frühs an Frisch und wird im Max Frisch-Archiv, Zürich, verwahrt.
Bei der Wiedergabe der Briefe von Max Frisch wurden orthographische und stilistische Eigenheiten, insbesondere die von Frisch gelegentlich als Punkt verwendeten Gedankenstriche, beibehalten. Im Brief von Eugen Früh wurde die Orthographie und Interpunktion der Duden-Norm angeglichen.   W. M.

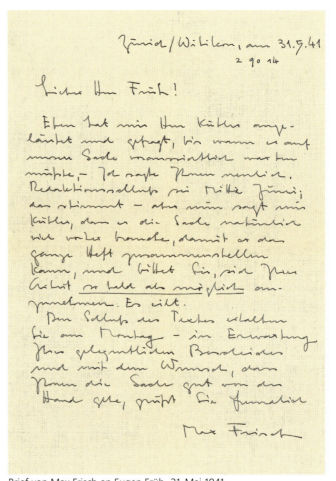

Brief von Max Frisch an Eugen Früh, 31. Mai 1941

Zürich/Witikon[1], am 31. 5. 41
2 90 14[2]

Lieber Herr Früh!

Eben hat mir Herr Kübler[3] angeläutet und gefragt, bis wann er auf unsere Sache[4] voraussichtlich warten müsste. – Ich sagte Ihnen neulich, Redaktionsschluss sei Mitte Juni; das stimmt – aber nun sagt mir Kübler, dass er die Sache natürlich viel vorher brauche, damit er das ganze Heft zusammenstellen kann, und bittet Sie, sich Ihrer Arbeit <u>so bald als möglich</u> anzunehmen. Es eilt.
Den Schluss des Textes erhalten Sie am Montag – in Erwartung Ihres gelegentlichen Bescheides und mit dem Wunsch, dass Ihnen die Sache gut von der Hand gehe, grüsst Sie freundlich

Max Frisch

---

1   Ab Ende 1940 wohnte Frisch in seiner ersten eigenen Wohnung an der Witikonerstrasse 482, bis er nach seiner Hochzeit mit Trudy Constance von Meyenburg Ende Juli 1942 in das gemeinsame Domizil an der Zollikerstrasse 265 einzog.
2   Frischs Telefon-Nummer.
3   Der Zürcher Journalist und Schriftsteller Arnold Kübler (1890–1983) war 1941–57 Chefredaktor der Zeitschrift „Du".
4   Der Artikel „Kunst der Erwartung / Anmerkungen eines Architekten" erschien in der Juli-Nummer 1941 der Zeitschrift „Du" mit sechs Illustrationen von Eugen Früh.

Rückseite des Briefes vom 31. Mai 1941: Vignetten-Entwürfe von Eugen Früh zum „Du"-Aufsatz von Max Frisch, Bleistift, ca. 19 x 11 cm

24. VI. 41

Lieber Herr Frisch.

Entschuldigen Sie bitte, wenn ich erst heute, aber mit bestem Dank, für die Zusendung Ihres schönen und instruktiven Artikels danke. Ich habe ihn mit grossem Genuss gelesen, dass mir dabei allerlei Bedenken für eine Illustrierung gekommen sind, werden Sie vielleicht selber vorausgesehen haben.
Wenn man das Grundthema Ihres Aufsatzes, den „Heimatstil", zu einem Bildthema formen wollte, so stösst man rasch auf die fast unüberwindliche Schwierigkeit, das Unechte in dieser mit raffiniertem Geschmack ausgestatteten Form deutlich zu machen.
Die einzige Möglichkeit, doch noch zu einer Illustration zu kommen, scheint mir darin zu bestehen, wenn man zum vornherein darauf verzichtet, die Essenz Ihrer Anschauung zu realisieren und dafür eine Zeichnung einfach als schmückende Beigabe hinzufügen würde. Als Thema könnte man etwa eine Kaffeehausszene wählen und als Schlussvignette eine heimatliche Landschaft. Vielleicht finde ich auch noch irgend ein anderes Thema. –
Ich bitte Sie also, gelegentlich Bericht zu geben, ob Sie mit einer solchen Illustrierung einverstanden sind.
Indem ich Ihnen in dieser Sommerhitze einen möglichst mühelosen Dienst wünsche, grüsst Sie herzlich

Ihr Eugen Früh

Römergasse 9 Zürich

Dieser Brief und das nachfolgende Antwortschreiben von Max Frisch geben etliche Rätsel auf, die man wohl nie befriedigend lösen wird. Soviel steht fest, dass Frischs Votum für Sprossenfenster in den Zusammenhang des „Heimatstils" gerückt werden darf oder muss. Wenn nun aber Früh vom „Unechten in dieser mit raffiniertem Geschmack ausgestatteten Form" spricht, wundert man sich nicht nur über das dem „Heimatstil" unterstellte Raffinement, sondern erst recht wird man in Frischs Aufsatz nichts Entsprechendes eruieren, etwa gar das Bemühen, einen echten „Heimatstil" von einem unechten zu scheiden. Nicht minder verblüfft die Art, wie sich Früh und Frisch über die Illustrationsproblematik äussern. Der Gegensatz Stadt-Land, wie ihn beide andeuten, lässt sich im Text nicht ohne weiteres nachweisen. Und warum Frisch nicht nur die bereits von Früh erwogene Kaffeehausszene einleuchtet, sondern dass er auch noch die Arbeitswelt durch eine „Walliserin, vielleicht mit Heubündel" vertreten haben möchte, bleibt sein Geheimnis. Nun mag man vermuten, dass hier über eine Vorstufe des Aufsatzes verhandelt wird, die eine oder mehrere Passagen enthalten hätte, die bei der Druckfassung eliminiert worden wären. Tatsächlich liegt im Nachlass Früh ein 12seitiges Typoskript vor, das indessen nur geringfügige Abweichungen enthält, dafür abgesetzt und in Klammern sieben nummerierte „Bilder" aufführt, von denen Früh denn auch fünf als Vignetten ausgeführt hat, nämlich: 1. „Pappelallee oder freie Baumgruppe an einem weiten See, Durchsicht in die Ferne", 4. „Vignette eines Glases voll Wein"; 5. „Ein schönes altes Chorgitter, Durchblick in die Gewölbe des Chores"; 6. „Gesicht einer Frau mit dünnem Schleier"; 7. „In einer Bauernstube, Ausblick durch Fenster". Dass diese Illustrationsvorschläge in den Briefen von Früh und Frisch nicht erwähnt werden, würde die These einer früheren Version des Aufsatzes stützen. Anderseits scheint der von Frisch handschriftlich als „Schluss" bezeichnete letzte Teil des Typoskripts auf das im Brief vom 31. 5. 1941 gegebene Versprechen zu verweisen. Somit würde es sich beim Typoskript eben doch um die einzige Textfassung handeln. Fragen über Fragen, deren Beantwortung ich gern einem findigen Nachfolger überlasse.

Sunheim[1], am 25.6.41

Lieber Herr Früh!

Mit Ihren Bedenken, die bildliche Ausstattung meines Artikels betreffend, war ich von vornherein einverstanden – Ich selber dachte ungefähr an folgendes:
Eine an sich reizvolle Scene in einem solchen Kaffeehaus, wie Sie es nun selber sagen; vielleicht Betonung der städtischen Welt: Damen –
Eine echte Figur der Heimat; Walliserin, vielleicht mit Heubündel, jedenfalls Alltag und Arbeit –
Oder wenn Sie das allenfalls schon haben: ein echtes Engadinerhaus, ein echtes Walliserhaus – Ferner am Schluss: Ihr zeichnerischer Beitrag zum Wort von der Heimat, Landschaft – nicht unbedingt Berge –.
Leider habe ich die eigene Arbeit, die eine rasche Niederschrift ohne Entwurf war, wenig im Gedächtnis, um weitere Vorschläge machen zu können – Grundsätzlich, wie Sie es selber meinen: weniger „Illustration eines Gedankens", als selbständige Zeichnung, die die Gegenstände des Textes berührt – das Thematische allein in der Wahl eines Gegensatzes: Kaffeehaus – Landschaft.

Und dann wäre es wohl gut, Sie könnten einmal Herrn Kübler anläuten, damit die Sache nicht liegen bleibt. Ich habe bis heute noch keinerlei Bescheid von dort. Wahrscheinlich komme ich demnächst auf Urlaub und werde Ihnen dann anläuten.
Inzwischen mit freundlichen Grüssen

Ihr Max Frisch

[1] Vom 16.6. bis 2.7.1941 musste Frisch einmal mehr Aktivdienst leisten.

Witikon, am 5.1.42

Lieber Eugen Früh!

Dass Sie auf die förmliche Anzeige[1] mit etwas Geformtem antworten, hat uns herzlich gefreut – darüber hinaus gefällt uns Ihr Blatt[2] sehr gut, wir freuen uns, es gelegentlich an einer von unseren künftigen vier Wänden zu sehen und danken Ihnen herzlich dafür.
Zur Zeit bin ich in einer Stelle in Baden[3], sodass ich Zürich nur noch im Morgengrauen und im Abenddunkel sehe – ein gewisser Stolz, der die Bewährung im Geldverdienen gewährt, kommt gegen das Heimweh nach meiner eigentlichen Arbeit nicht auf –
Ihnen und Ihrer lieben Frau wünsche ich ein gesegnetes Jahr mit viel glücklichem Gelingen und nebenher mit soviel „Erfolg", als es zum Lebenkönnen nun einmal braucht, und grüsse Sie

auf gelegentliches Wiedersehen

Ihr Max Frisch

[1] Die Verlobungsanzeige von Frisch und Constance von Meyenburg.
[2] Frühs Verlobungsgeschenk, offenbar eine Zeichnung oder eine Graphik, ist nicht erhalten.
[3] Bereits vor der Diplomierung als Architekt im August 1940 war Frisch in einem Architekturbüro in Baden angestellt.

Postkarte aus Flims Waldhaus, gestempelt am 22.8.1944, an Eugen und Yoshida Früh:

Meine Lieben!

Der Ruhe des Waldes entspricht nicht immer eine Ruhe des Gemütes, wie vorauszusehen war. Wir hausen an einem reizenden Ort, Wald schaut zu den Fenstern herein: ohne schreckliche Berge! Herzlich grüsst Euch

Max u. Trudy

Weinberg[1], am 27.4.45

Mein lieber Eugen!

Aus der Zeitung erfahre ich, dass Dein Bruder[2] gestorben ist; ich habe ihn ja selber kaum gekannt, erinnere mich, wieviele Jahre er im Cornichon[3] hat arbeiten müssen, und weiss, wieviel an Kraft ihm dadurch für sein wirkliches Schaffen verloren gegangen ist; das Alter, in dem er stand, denke ich mir für den Schaffenden als das schönste, und dass er in diesem Alter alles hat verlassen müssen, alles, was einer in diesem Alter ersammelt hat, um es in den verbleibenden Jahren geben zu können, das geht, wie es bei Albin Zollinger[4] war, so weit über die Schmerzlichkeit des gewöhnlichen Todesfalles hinaus; der einzige Trost, den es vor einem Toten noch geben kann, der Trost, dass sich ein Leben in seiner Möglichkeit erfüllt habe, bleibt versagt –. In eure Trauer, die mit quälender Gewissheit schon lange vor euch stand, grüsst Dich von Herzen

Dein Max Frisch

1 Vom 16.4. bis 17.5. leistete Frisch wiederum Aktivdienst.
2 Am 25.4.1945 starb Eugen Frühs ältester Bruder Huldreich an Krebs.
3 Frühs Bruder Huldreich Georg (geb. 1903) galt schon in jungen Jahren als musikalisch hochbegabt. Von 1927 bis 1932 studierte er als Schüler von Volkmar Andreae und anderen am Zürcher Konservatorium. Nach seiner Ausbildung wirkte er als Lehrer für Klavier und Theorie an der Volksklavierschule und zuletzt als Leiter der Musikabteilung bei Radio Zürich. Ausserdem trat er als Klavierbegleiter im Cabaret Cornichon auf. Unter dem Einfluss von Ravel, Debussy und der Groupe des Six komponierte er dramatische Werke, Vokal- und Instrumentalmusik sowie Klavierstücke. Bekannt wurden insbesondere die „Maori-Lieder", Zyklus für Sopran und Kammerorchester (1938).
4 Der von Frisch verehrte, mit 46 Jahren verstorbene Zürcher Lyriker und Romancier.

Prag, 2.3.47

Liebe Yoshida und Eugen!

Also: wir sind nach einer schönen und interessanten und bequemen Reise in Prag[1] angekommen – noch habe ich von der Stadt fast nichts gesehen, da ich zwei ganze Tage in den Proben sass. Gestern war die Premiere – die Aufführung finde ich als Ganzes besser als unsere; leider sind die Masken schlecht besetzt – aber die sehr jungen Hauptdarsteller sind prächtig; die Inszenierung voll grossartiger Dinge – ich werde einen Haufen Fotos bringen! – es ist schade, dass Du (Ihr!) es nicht sehen könnt. Zu manchen Dingen gibt es mir den ziemlich verlorenen Glauben an das Stück wieder. Und nun wollen wir anderes ansehen! Burian[2], Oper und so.
Mit herzlichen Grüssen

Euer Maxe Frische
Trudisca Frišova[3]

1 Anfang März 1947 reiste Frisch mit seiner Frau nach Prag, um der tschechischen Uraufführung seines Stücks „Die chinesische Mauer" (Übersetzung von Karel Kraus) beizuwohnen. Diese erste Aufführung eines Schweizer Dramatikers seit Kriegsende in der Tschechoslowakei fand unter dem Patronat des schweizerischen Gesandten und der Schweizerisch-tschechoslowakischen Gesellschaft statt. Regie führte der damals 24jährige Jaromir Pleskot.
2 Emil František Burian (1904–1959), tschechischer Bühnen- und Opernkomponist.
3 Die scherzhafterweise ins Tschechische verballhornte Form der beiden Namen.

Huldreich Früh und sein Bruder Eugen, 1928

17.7.1947

Liebe Yoshida, lieber Eugen!

Ich will Euch doch endlich danken für Eure lieben Grüsse[1]; es geht Euch also herrlich, ungefähr so, wie es sein sollte, und es ist so schön, wenn das Glück mit den Leuten ist, die es wert sind und denen man es herzlich gönnt! Wir denken oft an Euch; als Ihr geflogen seid, haben wir auf die Uhr gesehen. Unsere eigenen Reisepläne sind leider im Sand verlaufen; ich bin hier sehr gebunden, und vielleicht fehlt mir auch der Elan, zu wollen. Letzte Woche war ich wieder einmal in Deiner Ausstellung[2]; zwei Zeichnungen sind verkauft, und die Besucherliste wächst sich zu einer Autogramm-Sammlung aus; Gipfel ist bisher Zarah Leander[3]! Ich bin neugierig, was Südfrankreich für ein Echo haben mag in Euren Bildern, und wünsche Euch, dass Ihr noch lange lange bleiben könnt. Zwar ist es, was die Natur betrifft, zurzeit auch hier sehr schön; es kommen die ersten Tage, die einen Hauch von herbstlicher Heiterkeit haben, vor allem die Morgen; manchmal setzte ich mich dann doch an den See, arbeite – immer auf dem Sprung, endlich an meine Arbeit zu gehen – bis es Elfuhr läutet; dann getraue ich mich nicht mehr; ich versuche mich an einem harmlosen Lustspiel[4], das in wenigen Tagen ziemlich weit vorangekommen ist, und wenn es jemals fertig würde, freute ich mich wie über ein kleines Wunder, denn im eigenen Tag geht es mir gar nicht nach Lustspiel! Wahrscheinlich sind die beruflichen Geschichten, die ich auch Euch bis zum Überdruss erzähle, nicht der wirkliche Grund, warum die Depressionen immer öfter kommen und immer länger dauern; es ist oft so, dass mich nur noch die Verpflichtung an Trudy und die Kinder hält. Einmal mit den Jahren, dachte ich, werde das aufhören, dass man immer wieder den Boden unter den Füssen verliert; mindestens wäre es an der Zeit! Neulich traf ich Ehrismann[5]; seine unverpflichtete Lebensart ist mir schlechterdings erstaunlich, und obschon sie mir nicht als höchste Lebensart erscheint, komme ich mir selber jedesmal wie ein Hosenscheisser vor. Was tun? Trudy liest Tschechow, der sie in Russland verliebt macht, und ich lese die Briefe von Stifter, die Schumacher[6] mir geschenkt hat; aber die Begeisterung, die er mir in Aussicht stellte, will nicht recht – wenigstens bisher – es ist mir nicht ganz wohl dabei; sie führen mich kaum zu seinem Werk; die Keller-Briefe, die ich daraufhin wieder zur Hand nahm, dünken mich soviel lauterer, echter, uneitler und männlicher, bewundernswerter und labender, und der andere, der sich immer wieder bewährt, ist Zollinger, der mich, was bei meiner leidigen Monomanie so selten gelingt, wirklich zum Leser macht, zum Empfangenden. Ich weiss nicht, ob Du als Maler ähnliche Schwierigkeiten hast den Bildern gegenüber, wenn es nicht sehr alte, sehr entfernte Bilder sind – es ist übrigens schade, dass Ihr die altdeutschen Meister in Schaffhausen[7] nicht sehen könnt; ich ging nur so, weil uns jemand mit dem Wagen nahm, und war unmittelbar begeistert, ja, angesprochen in einem Grad, wie es mir bisher gegenüber Kranach und Baldung Grien und den andern noch nie gelungen ist. Es ist schon mächtig. Überhaupt ist es oft die Malerei, noch öfter die Musik, deren Werken ich wie einer Offenbarung gegenüberstehe; seit Weihnachten, da wir unser lange verpöntes Kistlein[8] haben, hören wir oft Musik, die doch wohl das Höchste ist, schon nicht mehr menschlich, nicht mehr irdisch –.

Nun aber Stop und Schluss! Ich hatte mit Trudy ein wenig Zank, weil sie Euch keine Karte geschrieben hat: Ich kann nicht schreiben, wenn du mich jede Woche danach fragst! sagt sie: Und ich werde nicht schreiben! – So ist das, meine Lieben; zum Trotz übermittle ich ihre herzlichen Grüsse auch nicht!

Von Herzen grüsst Euch mit allen guten Wünschen

Euer Max

1 Vom 22. 6. bis 25. 8. 1947 bereisten Eugen und Yoshida Früh Südfrankreich.

2 Vom 7. bis 31. Juli 1947 stellte Früh Gemälde und Zeichnungen in der Zürcher Buch- und Kunsthandlung Bodmer an der Stadelhoferstrasse 34 aus. Die Vernissage-Seite des Gästebuchs nimmt sich wie ein Anwesenheitsrapport der Samstagsgesellschaft aus, indem hintereinander die Namen von Max und Trudy Frisch, Marthe Kauer, Adolf und Lissy Funk, Paul Adolf Brenner und Hans Schumacher stehen. Am 10. 7. 1947 hat sich Frisch noch einmal ins Gästebuch eingetragen.

3 Schwedische Filmschauspielerin und Sängerin (1907–1981), die vor allem in deutschsprachigen Ländern auftrat und beliebt war.

4 Ein seit Beginn des Jahres 1947 entworfenes, in zwei Notizheften skizziertes Theaterstück, für das Frisch den Titel „Die Dirne und der Engel" erwogen hat und das nie über das Entwurfsstadium hinaus gedieh.

5 Albert Ehrismann (1908–1998), Zürcher Lyriker und Mitbegründer des Cabarets Cornichon.

6 Hans Schumacher (1910–1993), Zürcher Erzähler und Lyriker.

7 Die Ausstellung „Meisterwerke altdeutscher Malerei" wurde vom 4. Juni bis 12. Dezember 1947 im Museum zu Allerheiligen in Schaffhausen gezeigt. Neben Werken von Lucas Cranach dem Älteren und Hans Baldung, genannt Grien, waren unter anderen auch solche von Altdorfer, Dürer und den beiden Holbein zu sehen.

8 Kistlein = Radio.

Berlin[1], 11.4.48

Liebe Yoshida und lieber Eugen!

Die Ansichtskarte, die ich versprochen habe, ist nicht aufzutreiben, und nun gebe ich es auf, ich fliege mit dem nächsten Flugzeug, das mich mitnimmt. Mit der Bahn lassen sie mich nicht und mit dem Wagen auch nicht. Nur noch durch die Luft. Das wird am kommenden Sonntag sein. Hoffentlich habt ihr Trudy getröstet. Hier vergeht die Zeit wie nichts, und eine Stadt, wo man kein Büro hat, ist einfach eine wunderbare Stadt. Kein Knochen kennt mich, wenn ich auf der Strasse gehe, und ich liebe es, in der Untergrundbahn umherzureisen, dahin und dorthin, lauter fremde Menschen, keiner fragt mich, woher und wohin, nicht einmal der Schalterfritze, ich zahle meine Pfennige, gehe durch die Schranke und kann fahren, wie es mich lockt, ja, ich muss mich nicht einmal sofort entscheiden, immer und überall kann ich wieder umsteigen, und dann, irgendwo, trete ich wieder an das Tageslicht, Trümmer und Sonne, Hügel von Backstein, Bäume, Leute, Kinder – Obschon es nun zwei volle Wochen sind und obschon ich mit etlichen Leuten gesprochen habe, lebe ich wie in einem Traumwandel, ich lebe nichts als Gegenwart, die kein Gedächtnis hat, nicht einmal ein Gedächtnis für sich selbst. Wenn ich dann wieder auf meinem Bauplatz[2] stehe –
Seid herzlich gegrüsst von eurem Ruinenpelegrin[3]

Max

1 Im April/Mai 1948 verbrachte Frisch ein paar Wochen in Berlin.
2 Gemeint ist das von Frisch entworfene Freibad Letzigraben, dessen Aushub 1947 in Angriff genommen und das im Sommer 1949 eröffnet wurde.
3 Vermutlich Anspielung auf die Figur des Pelegrin im Theaterstück „Santa Cruz".

29.12.50

Liebe Yoshida, lieber Eugen!

Wir danken Euch herzlich für die liebevolle Überraschung – wir säufeln munter drauflos; Trudy mag Wein ganz besonders – und gedenken Eurer mit lieben Wünschen für das neue Jahr. Eure beiden grossen Ausstellungen[1] waren so reich, dass Ihr, so denke ich, nicht das Gefühl haben müsst, ein Vakuum hinter sich zu haben, das einen hetzt; ich bin sehr neugierig, wohin Ihr weiter geht. – Das vergangene Jahr hat mich heftig geschüttelt; das neue wird nicht fester, nicht sicherer sein. –
Mit herzlichem Gruss

Max und Trudy

1 Gemeint sind die Herbst-Ausstellung von Eugen Früh im Zürcher Helmhaus und die Ausstellung von Erna Yoshida Blenk, 7.–30. September im Kunstsalon Wolfsberg. Am 2.9.1950 sandte das Ehepaar Frisch über die Adresse des Galeristen Wolfensberger ein Telegramm an das Ehepaar Früh mit dem Wortlaut: „Zu Euren Ausstellungen wünschen viel Glück / Trudy und Max."

Dank

An dieser Stelle möchte ich mich insbesondere herzlichst bei Walter Obschlager, Leiter des Max Frisch-Archivs, und bei Julian Schütt, Autor einer bevorstehenden grossangelegten Biographie über Max Frisch, bedanken. Beide haben mir in freundschaftlichster Weise ihre Kenntnisse und Materialien zur Verfügung gestellt.
Für mündliche Auskünfte seien nicht minder herzlich bedankt: Hanny Fries, Trudy Constance Frisch-von Meyenburg, Marianne Frisch-Oellers sowie Eva Früh-Langraf.
Bedankt seien aber auch der Architekturhistoriker Leza Dosch, Peter Feybli von der Fachstelle Kunstsammlung, das Baugeschichtliche Archiv der Stadt Zürich und natürlich die Eugen und Yoshida Früh-Stiftung in Zürich.

Werner Morlang

Werner Morlang

Der schriftliche Nachlass

Den grössten Umfang im schriftlichen Nachlass von Eugen und Yoshida Früh machen rund 750 an Eugen Früh und seine Frau gerichtete Briefe und Postkarten aus, die von rund 120 Einzelpersonen oder Ehepaaren verfasst wurden. Die frühesten Zeugnisse stammen von „Papa" Früh und von Yoshidas Vater Werner Blenk aus den dreissiger Jahren, die meisten übrigen Schriftstücke aus den fünfziger bis achtziger Jahren. Neben den oben abgedruckten acht Briefen und einer Postkarte von Max Frisch dürfen die über 70 oft umfangreichen brieflichen Zeugnisse von Ernst Gubler ein besonderes Interesse beanspruchen. Gubler hat als Lehrer an der Zürcher Kunstgewerbeschule Yoshida kennengelernt und eine ebenso heimliche wie untadelig gezähmte Liebe zu seiner Schülerin gehegt. Hervorgehoben seien auch die Briefe aus dem Familienkreis der Frühs, namentlich jene des jung verstorbenen Musikers Huldreich und des Filmregisseurs Kurt Früh – unverzichtbar für jeden, der sich näher mit dieser aussergewöhnlichen Familie befasst. Es fehlt auch nicht an hübschen Einzelstücken, zwei, drei witzigen Stimmungsbulletins von Hans Schumacher aus den vierziger Jahren, einem Brief von Albert Hofmann über seine Entdeckung des LSD, einem Brief von Manuel Gasser über dessen Schwierigkeiten mit Frühs Malerei und je einem Schreiben von Varlin und Laure Wyss. Für Yoshidas künstlerisches Selbstverständnis ist eine anderthalbseitige „‚Rechtfertigung' an einen jungen Mann, der mich in meiner Malerei kritisierte" von Belang. Je nach Interesse wird man ein paar andere Briefe hervorheben, aber der überwiegende Teil der Korrespondenz darf als quantité négligeable gelten, zumal sich darunter viele Ferienkarten sowie Wunschadressen zu Geburtstagen, Weihnachten und dem jeweiligen Neuen Jahr befinden.

Etwas ausführlicher möchte ich auf die im vorliegenden Buch weidlich ausgebeuteten Agenden und Tagebücher eingehen. Von Eugen Früh sind insgesamt 24 Taschen-Agenden oder -Kalender von 1950 bis 1959 und von 1961 bis 1975 erhalten, die mit Tagesrapporten, Adressen, Kleinstskizzen, Merksätzen oder anderen Notaten gefüllt sind. Das Fehlen der Agenden von 1959 und 1960 erklärt sich wohl daraus, dass Früh 1959 von einer Lähmung der rechten Hand befallen wurde und er sich mühsam das Schreiben und Malen mit der linken Hand ange-

wöhnen musste. In der Folge verändert sich denn auch seine Handschrift markant. Als Schreibmittel diente durchgehend ein feiner, leicht aufgesetzter Bleistift. Grundsätzlich verfügte Früh über eine regelmässige, gut lesbare Handschrift, aber infolge ihrer Blässlichkeit und geringen Grösse sind die meisten Eintragungen nur mittels einer Lupe zu entziffern.

Inhaltlich beschränken sich die Aufzeichnungen fast ausschliesslich auf Begebenheiten des Tages. So ist etwa die Rede von einem morgendlichen Spaziergang samt Besuch eines Cafés, wo Früh Zeitungen liest und sich mit Bekannten trifft. Dann folgen ein oder zwei Arbeitspensen mit Erwähnung der in Entstehung begriffenen Werke. Das Wetter wird nicht minder gewürdigt wie die eigene Befindlichkeit. Auch selbst gekochte und in Restaurants verzehrte Gerichte werden erwähnt samt der dabei getrunkenen Weinsorten. Zu den häufigeren Begebenheiten gehören Besuche von Kunstausstellungen nebst einer knappen Beurteilung des Gesehenen. Natürlich wird auch das Zusammenleben mit Yoshida kurz gestreift. Oft wird der Tag durch eine gesellige Zusammenkunft, einen Abendspaziergang oder ein Radio-Konzert abgerundet. Früh hat sein Metier sehr regelmässig, freilich mit gewissen Stimmungsschwankungen betrieben und sich über seine Produktion manchmal Ende Jahr oder sogar am Monatsende in von ihm selber so bezeichneten „Bilanzen" Rechenschaft gegeben. Bei dem literarisch ungemein interessierten Maler überrascht wiederum, dass er nur selten angibt, was er gerade liest. Nun war Früh ein passionierter Reisender, und in den hier bezeugten 25 Jahren hat er fast jedes Jahr mehrere Auslandaufenthalte rund um den Mittelmeerraum zu verzeichnen. Während solcher Reisen nimmt die Menge des Geschriebenen erheblich zu, denn die Impressionen und Unternehmungen des Tages werden geflissentlich notiert. Die Anlage der Texte bleibt sich indessen gleich. Insgesamt gilt es festzuhalten, dass die Agenden keinerlei Intimitäten, Bekenntnisse oder nennenswerte Reflexionen zur künstlerischen Tätigkeit aufweisen.

Die 51 Agenden von Yoshida Früh umfassen die Jahre 1944 bis 1995. Verglichen mit den Agenden ihres Mannes sind Yoshidas Notate viel gedrängter, oft auf Daten und Stichwörter beschränkt, entsprechend dem für den einzelnen Tag geringer eingeräumten Platz. Als Schreibmittel dienten Bleistifte, Federhalter und Kugelschreiber; die Schrift ist relativ gut lesbar.

Im Übrigen unterscheiden sich Yoshidas diaristische Gepflogenheiten nicht wesentlich von denjenigen Eugens. Auch bei ihr ist die Rede von den täglichen Ereignissen: Wetter, künstlerische Tätigkeit, Kulinarisches, Treffen mit Freunden und Verwandten, kulturelle Veranstaltungen usw. Keine Intimitäten oder tiefsinnige Betrachtungen. Allerdings berührt sehr, wie schwer es der Witwe fällt, über den am 18. Juli 1975 erfolgten Tod ihres Mannes hinwegzukommen. Noch mehr als Eugen ist Yoshida auf Tageszeiten fixiert, indem sie etwa zeitlich exakt die von ihr rezipierten Fernseh- und Radiosendungen angibt. Auch die Lektüre von Büchern wird mit den jeweiligen Tagespensen registriert. Dabei bezeigt Yoshida ein markant feministisches Interesse, und es erstaunt, wie breit und international, zudem durchaus qualitätsbewusst sich die betagte Witwe in der von Frauen verfassten Primär- und Sekundärliteratur umtut. Daneben ist sie allerdings für jederlei Unterhaltungskost am Fernsehen empfänglich. Und auch hier gilt: Die Agenden können – abgesehen von den Max Frisch bezüglichen Einträgen – kein über den engen biographischen Umkreis der Malerin hinausgehendes Interesse beanspruchen.

Erwähnt seien auch die vier mit Maschine geschriebenen Tagebücher aus den Jahren 1945, 1946, 1947 und 1952, die vielleicht doppelt so viel Angaben enthalten wie die Agenden und wiederum für die biographische Frisch-Forschung bedeutsam sind.

Das kostbarste Einzelstück des schriftlichen Nachlasses stellt zweifellos das gebundene Original-Typoskript des Theaterstücks „Santa Cruz" dar, das Max Frisch Yoshida am 7. April 1946 geschenkt hat. Widmungsexemplare Frischs an Eugen und Yoshida Früh gibt es auch von „Nun singen sie wieder" („Für Eugen und Yoshida / den getreuen Samstagsbündlern"), „Als der Krieg zu Ende war" (Widmung vom 24.12.1949) und ohne Datum von „Santa Cruz". Ein Kunstband und die englische Ausgabe von Thornton Wilders „Ides of March" weisen ebenfalls Frisch-Widmungen auf.

Auch etliche Widmungsexemplare anderer literarischer Freunde, namentlich von Hans Schumacher und Paul Adolf Brenner, liegen vor, und natürlich sind die von Eugen und Yoshida illustrierten Bücher zum Teil in Vorzugsausgaben vorhanden. Neben Ordnern und Sichtmäppchen, in die Yoshida Hunderte von Original-Skizzen ihres Mannes und von ihr selbst abgelegt hat, finden sich auch einige – ebenfalls von Yoshida geführte – Ringordner mit diversen Materialien zur künstlerischen Arbeit, die trotz mangelnder Systematik einen umfassenden Einblick in das Schaffen des Künstlerpaars Früh bieten.

Edi Wolfensberger

Erinnerungen an Eugen Früh

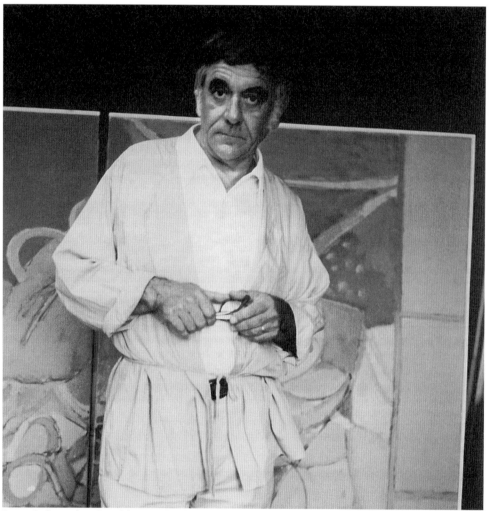

Eugen Früh vor dem Gemälde „Mondnacht", 1973. Das Porträtfoto von Walter Läubli zeigt den Künstler in einer lockeren Hirten- oder Judokajacke

In der Erinnerung gehört der jüngere Eugen Früh zu den Zeichnern Alois Carigiet (1902–1985) und Hans Fischer „fis" (1909–1958). Seine Arbeit als Illustrator für die Weltwoche sowie Theaterzeichnungen und Porträtstudien sicherten ihm die wirtschaftliche Grundlage und verschafften ihm immer neue Kontakte, Aufgaben und Aufträge. Diese alltäglichen Übungen, die er ernsthaft und elegant zu lösen vermochte, gaben ihm wie den anderen Zeichnern eine Sicherheit im Umgang und eine willkommene Unbeschwertheit. Wie Hans Fischer und Alois Carigiet war Eugen Früh in einem weiten Kreis bekannt und geschätzt.

Es waren Journalisten, Schriftsteller, Künstlerkollegen und Museumsleute, die sein Schaffen schon längere Zeit verfolgt hatten. Eugen Frühs Zeichnungen für Werke von C. F. Ramuz in den Jahren 1940 und 1942 bedeuteten einen Höhepunkt seiner Tätigkeit als Illustrator. Er interessierte sich für das künstlerische Geschehen und für die Arbeit von lokalen Kollegen, aber auch für grosse internationale Ausstellungen. Seine Kritik war immer aufbauend und freundschaftlich.

In frühen Gemälden findet sich oft noch zeichnerische Beschwingtheit und Virtuosität. Die Motive sind auch szenisch und erzählend. Das Bildnis seiner faszinierenden euro-asiatischen Frau, Yoshida Früh-Blenk, ebenfalls Malerin, taucht regelmässig in spielerischen Variationen auf. Gleichzeitig mit Eugen Früh hatte sie die Zürcher Kunstgewerbeschule besucht und war damals umschwärmt und bewundert. Sie besass eine grosse Sprachsensibilität, liebte die Feinheiten des Zürcher Dialekts. Was sie nicht daran hinderte, gröblichst zu schimpfen, so der Anlass dies erforderte.

Eugen Früh war zuversichtlich. Seine künstlerischen Pläne wollte er mit Beharrlichkeit realisieren. Noch in den dreissiger Jahren hatte er in der Zürcher Galerie Aktuaryus ausgestellt, dann in verschiedenen Schweizer Galerien. Im Jahre 1947 wurden 23 seiner Werke von Arnold Rüdlinger in der Kunsthalle Bern gezeigt, zusammen mit Arbeiten anderer Zürcher Maler. Als einzigen von ihnen berücksichtigte ihn Rüdlinger 1956 nochmals in der Ausstellung „10 Zürcher Maler" in der Kunsthalle Basel. Auch das war eine besondere Auszeichnung; es folgte unter anderem eine Gruppenausstellung in der Galerie Beyeler in Basel.

Im Jahr 1959, nach der dritten grossen Ausstellung im Kunstsalon Wolfsberg, erlitt Eugen Früh eine schwere Erkrankung. In der Folge lernte er mit der linken Hand zu arbeiten, da die rechte gelähmt war. Diesen gesundheitlichen Rückschlag konnte er dank der Hilfe seiner Frau Yoshida mit Geduld und Beharrlichkeit überwinden. Eine benötigte finanzielle Hilfe durch die Unterstützungskasse der Künstler zahlte er nach wenigen Monaten wieder zurück.

In der Malerei gewinnt die abstrakte Komposition an Gewicht, die Farbgebung ist eher verhalten. Sinnbildliche Bildthemen werden gewählt, vermehrt Harlekin- und Venedigmotive. In den Arbeiten der letzten Jahre hellt sich das Kolorit auf, die Bilder lösen sich weiter vom gegenständlichen Motiv und erfreuen uns mit spielerischen Farbklängen.

In seinen grossen Ausstellungen zeigte Eugen Früh jeweils eine Reihe von neuen und zugleich ausgereiften Werken. Ein Rahmen für Früh-Bilder war nicht so wichtig, umso mehr die rückseitige Beschriftung und Datierung. Wohlüberlegt stellte der Künstler seine Werkgruppen zusammen, und immer wieder überraschte ihn die Begeisterung seiner Sammler und Freunde. Ob das Urs Schwarz, Hans Theler, Max Bloch oder andere waren, sie warteten auf die besonderen Lebenszeichen einer Früh-Ausstellung mit Freude und Spannung.

In den fünfziger und sechziger Jahren suchten amerikanische und auch europäische Künstler die Auseinandersetzung mit der Pinselmalerei des Zen-Buddhismus. Manche reisten in den fernen Osten, um das Einüben der linken, eher ungelenken Hand zu versuchen. Eugen Früh hat diesen Prozess nach seiner Erkrankung aus Not durchgestanden und so einen schweren Schicksalsschlag umsichtig und leidenschaftlich gewandelt. Zweifellos förderte die Nähe seiner Gattin mit ihrem asiatischen Hintergrund diese besondere Entwicklung. Anfangs der siebziger Jahre tauchten auch fernöstliche Motive auf. Zusammen mit den abstrahierten Städtebildern hatten diese „vegetativen" Werke „einen geradezu sensationellen Erfolg", wie Hans Neuburg schrieb. Auch wenn Eugen Früh immer wieder auch grossformatige Werke zu gestalten liebte, ist da nie ein Ausbruch oder eine Entfesselung, immer aber eine Farbfreude, ein Schweben, ist das Licht verteilt in allen Farbtönen.

Für Yoshida, seine Frau, ist er viel zu früh gestorben, hat zu viel gelitten. Sie zog sich in ihre Wohnung, ihr Atelier zurück, beschränkte den Kontakt zur Aussenwelt auf das Notwendigste. Doch auch noch nach dem Tod des Künstlers gerieten einzelne Sammler in den Eifer, dass gerade und nur die Malerei von Eugen Früh gültig sei und bleibe.

Silvan Fässler

Der künstlerische Nachlass

Der künstlerische Nachlass von Eugen Früh umfasst rund 350 Gemälde, 48 Mappen mit Zeichnungen und farbigen Arbeiten auf Papier, 39 Ringordner mit Skizzenbuchblättern sowie zahlreiche gerahmte Zeichnungen. Der substantielle Bestand an Gemälden, der vom kleinstformatigen Bild „Impromptu" (S. 75) bis zum monumentalen, mehrteiligen Wandgemälde reicht und Hauptwerke wie „Intérieur d'artiste" von 1961 (S. 83) und „Palazzo" von 1963/70 (S. 91) einschliesst, erlaubt es, Frühs malerische Entwicklung von 1932 bis 1975 mit repräsentativen, zum Teil noch unveröffentlichten Werken vorzustellen. Sein umfangreiches graphisches Schaffen dagegen soll einer zukünftigen Publikation vorbehalten bleiben.

Eugen Frühs erste malerische Versuche stammen aus der Zeit nach Abschluss der Kunstgewerbeschule in Zürich und stehen unter dem Eindruck des Lehrers Ernst Gubler, dessen Einfluss auch später noch zuweilen spürbar bleibt (Die Nacht, 1939, S. 60). Nach einer kurzzeitigen Auseinandersetzung mit dem Werk von Clément Moreau, dem er 1932 in der Tessiner Künstlerkommune Fontana Martina begegnet, prägt die französische Malerei mit Bonnard und Vuillard als wichtigsten Bezugspunkten sein Schaffen der 1940er und frühen 1950er Jahre (Im Hydepark II, 1945, S. 63; Spaziergänger, 1948, S. 65). Früh entwirft in schwungvollem Pinselduktus eine offene, arabeskenhafte Bildarchitektur und umkreist Themen, in denen Anmut und natürliche Harmonie zu Sinnbildern eines verlorenen Paradieses werden. Im Zentrum dieser Werke steht die menschliche Figur, eingebettet in weitläufige südländische Parklandschaften oder intime Interieurs (Die Kranke I, 1947, S. 67; Figuren am Meer, 1948, S. 64). Parallel zur Ölmalerei verwendet Früh bereits in den 1940er Jahren auch Tempera für die grossformatigen Kartons, mit denen er seine Wandmalereien vorbereitet (Wandbildentwurf PTT Gebäude Zürich Wiedikon, 1943, S. 11).

Über die Auseinandersetzung mit dem Kubismus kombiniert Früh seit Mitte der 1950er Jahre die traditionellen Techniken mit Papier- und Textilcollagen sowie Sand und Lack und verleiht seinen Werken auf diese Weise eine besondere taktile Qualität (Grosser Bacchus, 1958/60, S. 80; Die Bordeauxflasche, 1957/60, S. 81). In Stillleben (Die Küche, 1955, S. 76) und Harlekinmotiven nähert er sich der reinen Abstraktion, ohne diese konsequent umzusetzen, auch wenn die nach seinem Schlaganfall 1959 entstandenen Werke zunächst eine ausgeprägtere konstruktive Bildstruktur zeigen (Fugenorgel, 1962, S. 89). Die späten Landschaften und Garten- und Architekturcapriccios bleiben von einer teils ornamental, teils geometrisch rhythmisierten Flächenordnung geprägt (Blätterranken, 1972, S. 97; Mondnacht, 1973, S. 99). Daneben entsteht eine umfangreiche, an Klee und Macke orientierte Werkgruppe von Venedig- und Nordafrikaimpressionen in Tempera auf schwerem Büttenpapier (Nachtstück mit kleinen Häusern, 1961, S. 84; Südliche Stadt II, 1966, S. 92).

Nach Eugen Frühs Tod blieb sein gesamter künstlerischer Nachlass bei seiner Frau Yoshida, der die konservatorische Betreuung seiner Werke zum eigentlichen Lebensinhalt wurde. Nur zwei grosse Gedächtnisausstellungen, 1976 und 1981, liess Yoshida noch zu, danach entzog sie sich mit dem künstlerischen Nachlass ihres Mannes bis zu ihrem eigenen Tod 1996 fast vollständig der Öffentlichkeit.

Wie Früh besuchte auch Erna Yoshida Blenk die Kunstgewerbeschule in Zürich – allerdings „nicht nur in der Graphikklasse, sondern in der Malklasse", wie sie an dieser Stelle gerne präzisierte – und verfügte damit über die gleiche Ausgangslage für eine eigenständige künstlerische Karriere wie ihr Mann. Obwohl sie seit den 1940er Jahren in Zürich Einzelausstellungen bestritt, so stellte sie ihre eigene Arbeit, ganz einer traditionellen Rollenverteilung gehorchend, doch zugunsten von Frühs Schaffen zurück. Mehr noch als bei ihrem Mann bildete der französische Nachimpressionismus den Ausgangspunkt ihres Werkes, das sich in den 1950er Jahren motivisch fast vollständig auf Blumen- und Früchtestillleben beschränkte. Erst in den 1960er Jahren tauchen in ihrem Schaffen asiatische Themen und feministisches Gedankengut auf.

Der künstlerische Nachlass von Erna Yoshida Blenk umfasst mehrere Hundert Gemälde sowie zahlreiche Collagen und Arbeiten auf Papier. Eine Gesamtwürdigung ihres Schaffens und ihrer Person steht noch aus.

Selbstbildnis, 1939, Öl auf Malkarton, 43 x 37 cm, Inv. 237

Die Nacht, 1939, Öl auf Leinwand, 116 x 135 cm, Inv. 49

Strasse mit Arbeiter, 1943/44, Öl auf Leinwand, 59 x 50 cm, Inv. 44

Die Mutter, 1945, Öl auf Leinwand, 32 x 40 cm, Inv. 77

Im Hydepark II, 1945, Öl auf Leinwand, 38 x 46 cm, Inv. 180

Figuren am Meer, 1948, Öl auf Pavatex, 26,5 x 36 cm, Inv. 34

Spaziergänger, 1948, Öl auf Leinwand, 100 x 65 cm, Inv. 119

Au port, 1948, Öl auf Leinwand, 60 x 73 cm, Inv. 135

Die Kranke I (Erna Yoshida Blenk), 1947, Öl auf Malkarton, 38 x 54 cm, Inv. 141

L'artiste et les mécènes, 1947, Öl auf Malkarton, 38 x 55 cm, Inv. 142

Südliches Haus, 1947, Öl und Sand auf Leinwand, 46 x 55 cm, Inv. 166

Capriccio, 1948, Öl auf Leinwand, 61 x 61 cm, Inv. 193

La promenade, 1948, Tempera auf Pavatex, 74,5 x 146 cm, Inv. 245

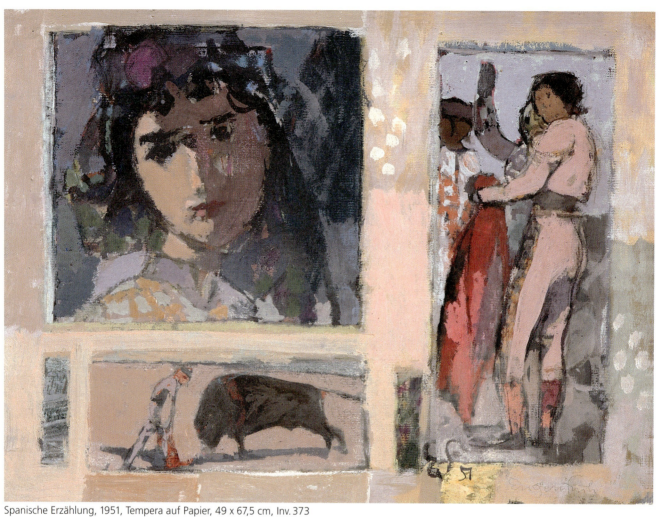
Spanische Erzählung, 1951, Tempera auf Papier, 49 x 67,5 cm, Inv. 373

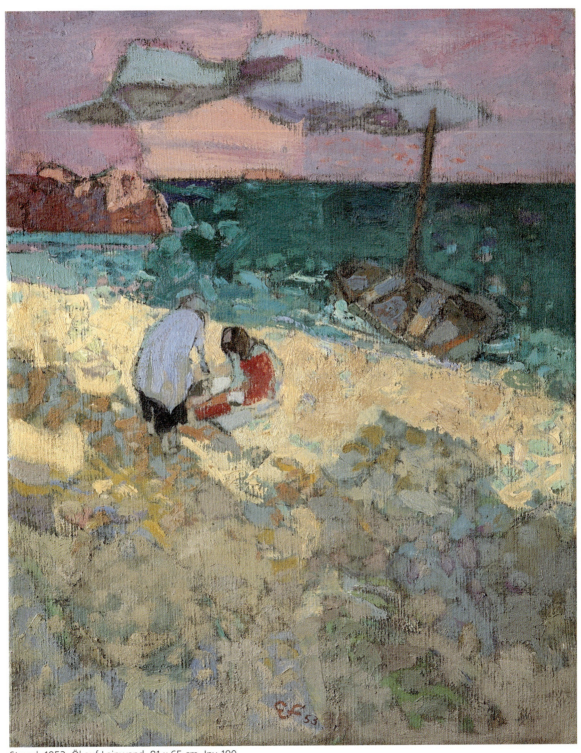

Strand, 1953, Öl auf Leinwand, 81 x 65 cm, Inv. 190

Zigeunerin, 1953, Öl auf Leinwand, 46 x 55 cm, Inv. 168

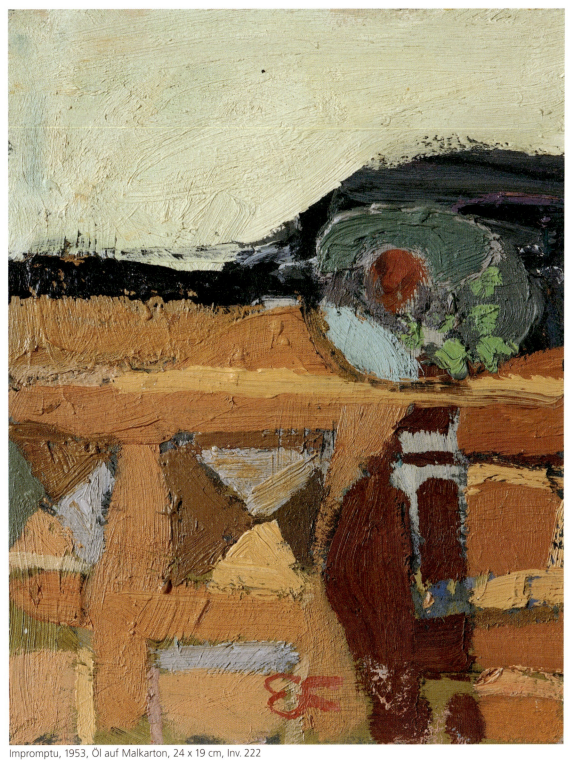

Impromptu, 1953, Öl auf Malkarton, 24 x 19 cm, Inv. 222

Die Küche, 1955, Öl auf Leinwand, 98 x 121 cm, Inv. 117

Der Fischstand II, 1954, Öl auf Leinwand, 55 x 46 cm, Inv. 128

Nächtliches Meer, 1957, Öl auf Malkarton, 19 x 24 cm, Inv. 225

Strandstück, 1956, Öl auf Leinwand, 98 x 121 cm, Inv. 115

Grosser Bacchus, 1958/60, Öl und Sand auf Leinwand, 81 x 65 cm, Inv. 150

Die Bordeauxflasche, 1957/60, Öl, Tempera und Collage auf Malkarton, 81 x 65 cm, Inv. 158

Grünes Strandspiel, 1963, Tempera, Öl und Lack auf Leinwand, 81 x 81 cm, Inv. 106

Intérieur d'artiste, 1961, Öl und Tempera auf Leinwand, 2-teilig, 195 x 260 cm, Inv. 276

Nachtstück mit kleinen Häusern, 1961, Tempera und Sand auf Papier, 67 x 48,5 cm, Inv. 379

Venezianisches Thema, 1960, Tempera auf Papier, 67 x 48 cm, Inv. 382

Differenzierte Polyphonie auf Grau, 1963, Öl, Tempera und Sand auf Leinwand, 65 x 100 cm, Inv. 112

Hügellandschaft, 1965/66, Öl, Tempera und Sand auf Pavatex, 47 x 47 cm, Inv. 176

Stadt am Meer, 1966, Öl und Sand auf Leinwand, 149 x 74 cm, Inv. 110

Fugenorgel, 1962, Öl, Tempera und Sand auf Leinwand, 146 x 146 cm, Inv. 298

Bilderwand (Atelierwand), 1966, Öl, Tempera, Collage und Sand auf Leinwand, 146 x 146 cm, Inv. 297

Palazzo, 1963/70, Öl, Tempera und Sand auf Leinwand, 114 x 146 cm, Inv. 275

Südliche Stadt II, 1966, Tempera, Öl, Lack und Grattage auf Papier, 67 x 48,5 cm, Inv. 378

Segelvariationen (1971), Tempera auf Papier, 91 x 63,5 cm, Inv. 281

Fête (1972), Tempera und Goldbronze auf Papier, 91 x 62 cm, Inv. 283

Asakusa, 1972, Tempera auf Papier, 50 x 65 cm, Inv. 270

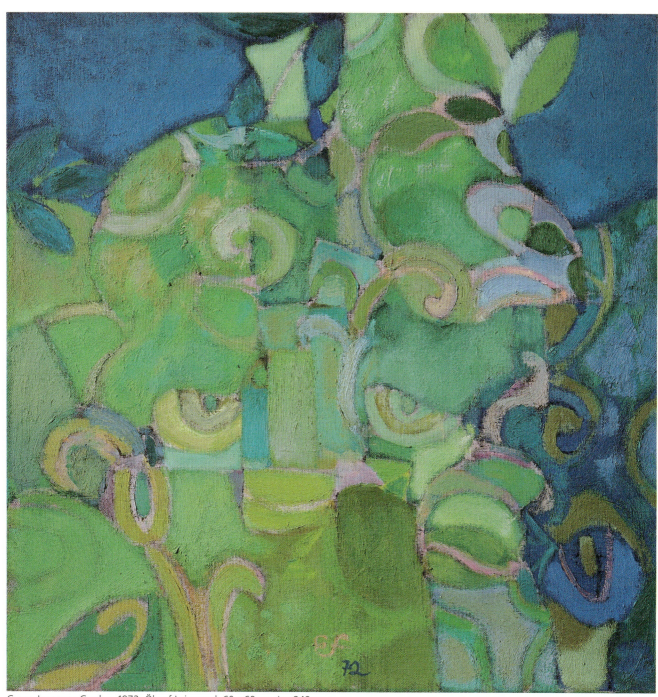
Green Japanese Garden, 1972, Öl auf Leinwand, 60 x 60 cm, Inv. 249

Blätterranken, 1972, Öl auf Leinwand, 70 x 71 cm, Inv. 259

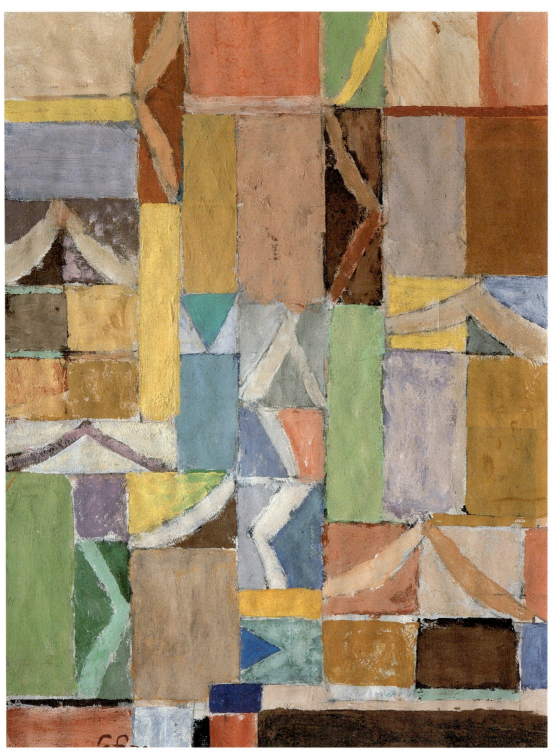

Ohne Titel, 1972, Tempera auf Papier, 64,5 x 47,5 cm, Inv. 383

Mondnacht, 1973, Öl und Tempera auf Leinwand, 3-teilig, 165 x 345 cm, Inv. 303